KB264942

101퍼센트의 사랑

101퍼센트의 사랑

지 은 이 | **임창일**
펴 낸 이 | **김원중**

책임편집 | 이민수
편   집 | 김현정
디 자 인 | 정진우
마 케 팅 | 김재국
제   작 | 이지영

펴 낸 곳 | **도서출판 선미디어**
　　　　　 상상예찬(주)
초판인쇄 | 2007년 1월 5일
초판발행 | 2007년 1월 10일

출판등록 | 제2-2576호(1998.8.27)

주   소 | 서울시 마포구 상수동 324-11
전   화 | (02)325-5191
팩   스 | (02)325-5008
홈페이지 | http://smbooks.com

ISBN 89-88323-91-2 03230

값 10,000원

도서
출판

101 퍼센트의 사랑

도서
출판 선·미디어

"**예수께서 가라사대 네 마음을** 다하고 목숨을 다하고 뜻을 다하여 주 너의 하나님을 사랑하라 하셨으니 이것이 크고 첫째 되는 계명이요 둘째는 그와 같으니 네 이웃을 네 몸과 같이 사랑하라 하셨으니 이 두 계명이 온 율법과 선지자의 강령이니라"(마 22:37-40)

"그러므로 너희는 가서 모든 족속으로 제자를 삼아 아버지와 아들과 성령의 이름으로 세례를 주고 내가 너희에게 분부한 모든 것을 가르쳐 지키게 하라 볼지어다 내가 세상 끝날까지 너희와 항상 함께 있으리라 하시니라"(마 28:19-20)

지상계명(至上誡命; 마 22:37-40)과 지상명령(至上命令; 마 28:19-20)은 예수님께서 제자들에게 분부하신 으뜸이 되는 계명입니다.

"하나님을 사랑하라"는 말씀을 실천하는 것이 예배입니다. 예배란 찬양, 기도, 말씀, 봉헌을 통하여 하나님을 사랑하는 것입니다. "이웃을 사랑하라"는 말씀을 실천하는 것이 사역입니다. 사역이란 은사에 따라서 이웃을 사랑하는 것입니다. "가서 제자 삼으라"는 말씀은 전도하라는 명령입니다. "세례를 주라"는 말씀은 교제하라는 명령입니다. 교제란 세례를 받은 그리스도인들의 친교를 의미합니다. "가르쳐 지키게 하라"는 말씀은 양육하라는 명령입니다. 양육이란 그리스도의 장성한 분량이 충만한 데까지 이르도록 성숙한 그리스도인을 키우는 일입니다. 따라서 "전도, 예배, 교제,

양육, 사역”은 주님께서 세우신 교회를 통하여 그리스도인이 실천해야 할 다섯 가지 삶의 목적입니다.

사랑이란 “전도, 예배, 교제, 양육, 사역”의 삶을 이끌어가는 덕목 가운데 으뜸입니다. 그런 의미에서 사랑이 없는 그리스도인의 삶은 무의미합니다.

“내가 사람의 방언과 천사의 말을 할지라도 사랑이 없으면 소리나는 구리와 울리는 꽹과리가 되고 내가 예언하는 능이 있어 모든 비밀과 모든 지식을 알고 또 산을 옮길 만한 모든 믿음이 있을지라도 사랑이 없으면 내가 아무 것도 아니요 내가 내게 있는 모든 것으로 구제하고 또 내 몸을 불사르게 내어 줄지라도 사랑이 없으면 내게 아무 유익이 없느니라” (고전 13:1-3)

“하나님께서 나를 사랑하시고 나를 위한 놀라운 계획을 갖고 계십니다!”

신앙생활의 첫 번째 단계와 마지막 단계는 나를 향하신 하나님의 사랑을 확신하는 것입니다. 만약 그렇지 못하면, 진정한 의미에서 신앙생활은 불가능합니다.

“사랑하는 자들아 우리가 서로 사랑하자 사랑은 하나님께 속한 것이니 사랑하는 자마다 하나님께로 나서 하나님을 알고 사랑하지 아니하는 자는 하나님을 알지 못하나니 이는 하나님은 사랑이심이라” (요일 4:7-8)

신앙생활이란 사랑으로 시작하여 사랑으로 마무리해야 합니다.

성경은 우리가 아직 연약할 때에, 아직 죄인 되었을 때에, 곧 원수였을 때에 그리스도께서 십자가에 죽으심으로 우리를 향하신 하나님의 사랑을 확증합니다(롬 5:6,8,10). 그리스도인은 십자가의 사랑을 받은 사람답게 사랑을 실천해야 합니다.

예수님의 "새 계명"도 제자들에게 사랑의 실천을 분부하십니다.

"새 계명을 너희에게 주노니 서로 사랑하라 내가 너희를 사랑한 것같이 너희도 서로 사랑하라 너희가 서로 사랑하면 이로써 모든 사람이 너희가 내 제자인 줄 알리라"(요 13:34-35)

따라서 성숙한 그리스도인은 나를 향하신 하나님의 사랑을 깨닫고, 하나님 사랑과 이웃 사랑을 실천하는 사람입니다.

야고보는 하나님의 사랑을 깨닫지 못하는 사람들의 근원적인 문제를 다음과 같이 설명합니다.

"오직 각 사람이 시험을 받는 것은 자기 욕심에 끌려 미혹됨이니 욕심이 잉태한즉 죄를 낳고 죄가 장성한즉 사망을 낳느니라"(약 1:14-15)

인류의 조상 아담의 비극은 하나님의 말씀을 어기고 "육신의 정욕과 안목의 정욕과 이생의 자랑"을 추구했기 때문입니다.

모든 독자들이 더 이상 세상의 허탄한 것들에 시선을 빼앗기지 말고, 하나님께 사랑의 초점을 맞출 수 있기를 소원합니다. 믿음의 주요 온전케 하시는 분이신 예수 그리스도를 깊이 생각하고, 예수 그리스도만 바라볼 수 있기를 기원합니다(히 3:1; 히 12:1-3). 동시에 나를 향하신 하나님의 사랑을 깨닫고, 사랑의 빚진 자로서 이 땅에 하나님의 사랑을 나누면서 세상의 빛과 소금의 사명을 다하시길 바랍니다.

성탄절을 맞이하면서 예수님께서 탄생하신 참 사랑을 깨닫고 그 사랑을 함께 나누고자 『101퍼센트의 사랑』을 출간하게 되었습니다. 이 책을 읽는 모든 독자들이 하나님의 크신 사랑과 은혜를 깨닫고, 그 사랑을 실천하면서 "전도, 예배, 교제, 양육, 사역"의 삶을 회복하시길 소원합니다. 죄인을 구원하시려고 독생자 예수 그리스도를 보내신 하나님께서는 무조건적이고 불가항력적인 은혜로 우리를 사랑하십니다. 우리를 향하신 하나님의 사랑이 짝사랑이 되지 않도록 잃어버린 첫사랑을 회복하여 뜨겁게 하나님을 사랑하시길 기원합니다.

끝으로 목동반석교회 성도들과 강화반석기도원을 찾는 발걸음들과 이 책을 읽는 독자들 위에 성삼위 하나님의 크신 은혜와 평강이 넘쳐서 사랑의 열매가 풍성하기를 기원합니다. 인생의 동반자인 사랑하는 아내 김영혜 사모에게 감사의 마음을 전합니다. 모든 영광과 감사와 존귀를 하나님께 돌립니다.

2006년 12월 20일
기쁨과 평화가 넘치는 성탄절을 준비하면서
임창일 목사

차례

제1부

사랑이란 무엇입니까?

1. 하나님의 사랑

"사랑하는 자들아 우리가 서로 사랑하자 사랑은 하나님께 속한 것이니 사랑하는 자마다 하나님께로 나서 하나님을 알고 사랑하지 아니하는 자는 하나님을 알지 못하나니 이는 하나님은 사랑이심이라"(요일 4:7-8)

성경에서 말하는 "사랑"이란 히브리어로 "아하바"(ahabah) 또는 "헤세드"(chesed)라고 합니다. 그리고 헬라어로 "아가페"(agape)라고 합니다. 이 단어들은 성경에서 으뜸가는 사랑을 표현하는 용어입니다.

예레미야 31장 3절에 "나 여호와가 옛적에 이스라엘에게 나타나 이르기를 내가 무궁한 사랑으로 너를 사랑하는 고로 인자함으로 너를 인도하였다 하였노라" 고 말씀하셨습니다.

"내가 무궁한 사랑으로 '너를 사랑한다' (아하브). 그러므로 '인자함' (헤세드)으로 너를 인도하였다" 라는 말씀은 사랑을 표현하는 히브리어의 두 단어를 동시에 사용함으로 구약에서 가장 중요한 두 가지 사랑의 의미를 밝혀줍니다.

한편 헬라어로 사랑을 의미하는 단어는 네 가지가 있습니다. 즉 "에로스" (eros, 성적 사랑), "스트로게" (stroge, 가족 사랑), "필리아" (philia, 친구 사랑), "아가페" (agape, 신의 사랑)가 있습니다.

그 가운데 신약성경은 하나님의 사랑을 "아가페" 로 표현합니다. "에로스" 가 육체적이고 자기중심적 사랑이라면, "아가페" 는 남을 위해 자기를 내어주는 희생적 사랑입니다(요 3:16). 구약 히브리어성경을 헬라어로 번역한 "칠십인역" (LXX)에서도 히브리어 "아하바" 를 "아가페" 로 번역합니다.

"아가페" 는 하나님의 사랑을 다른 종류의 사랑과 구별하는 신약성경의 용어입니다.

첫째, 사랑에는 세 가지 사랑이 있습니다.

사랑에는 사람을 향한 하나님의 사랑, 하나님을 향한 사람의 사랑, 사람을 향한 사람의 사랑이 있습니다.

사도 요한은 세 가지 사랑을 다음과 같이 표현합니다.

"사랑은 여기 있으니 우리가 하나님을 사랑한 것이 아니요 오직 하나님이 우리를 사랑하사 우리 죄를 위하여 화목제로 그

(1) 사람을 향한 하나님의 사랑

이는 역사적 사건을 통하여 나타납니다. 먼저 하나님께서 이스라엘 백성들을 출애굽시키신 일에 잘 나타나 있습니다(신 7:6-8). 또한 이스라엘 백성의 반역에도 불구하고 은혜를 베푸신 하나님의 긍휼하신 사랑에 잘 나타나 있습니다(호 2:16, 20). 신약에는 십자가의 사건을 통하여 잘 나타나 있습니다.

하나님의 사랑은 무조건적인 사랑, 무한한 사랑, 값없이 주는 사랑, 완전한 사랑, 변함없는 사랑, 영원한 사랑입니다.

(2) 하나님을 향한 사람의 사랑

이는 구속의 은혜를 베푸신 하나님의 사랑에 대한 감사와 응답으로 나타납니다. 즉 하나님께서 베푸신 속죄의 은총에 대한 사람의 응답입니다.

예수님의 말씀처럼 사함을 받은 일이 많은 사람이 하나님을 더 많이 사랑(눅 7:36-50)하지만, 사람은 아무리 큰 은혜를 받아도 곧 그 은혜를 잊어버리거나 고난이 오면 하나님의 사랑을 의심하기도 합니다. 이렇듯 사람의 사랑은 조건적인 사랑, 불완전한 사랑입니다.

(3) 사람을 향한 사람의 사랑

이는 하나님의 사랑에 기초를 둘 때에 가능합니다(레 19:18; 요 4:11, 21). 하나님의 사랑을 받은 이스라엘의 사명은 하나님 사랑과 이웃 사랑을 실천하는 것입니다. 신약시대의 교회는 특별히 이웃 사랑에 전념해야 합니다(갈 5:13). 사랑은 교회에 주신 새 계명이고(요 15:12), 사랑은 가장 좋은 은사이기 때문입니다(고전 12:31).

예수님께서는 이웃 사랑의 대상을 원수까지 확대하십니다. 원수 사랑은 예수님 가르침의 절정입니다(눅 6:27). 하나님을 사랑하는 자는 그리스도에게 속한 자기의 형제를 사랑해야 합니다(요일 4:21; 살전 4:9).

둘째, 하나님의 사랑은 완전한 사랑입니다.

하나님의 사랑을 표현하는 히브리어 "아하바"(ahabah) 또는 "헤세드"(chesed)란 완전한 사랑을 의미합니다.

사랑의 하나님께서는 언제나 이스라엘과 하나님 사이에 완전한 사랑을 원하십니다. 하나님과 이스라엘의 사랑이란 하나님께서 이스라엘을 사랑하시는 것처럼, 이스라엘이 하나님만 사랑할 때에 가능합니다.

민수기 25장 1-15절을 보면 이스라엘이 모압 여인들을 사랑하다가 하나님과 이스라엘의 사랑과 평화가 깨지는 사건이 나옵니다.

이스라엘은 싯딤에서 모압 여인들과 음행하다가 하나님의 진노로 24,000명이 죽어갑니다. 그 때에 제사장 아론의 손자 엘르아살의 아들 비느하스가 분개합니다. 그는 이스라엘 장막 안에서 음행하던 스므온 지파의 족장 스므리와 미디안 두령 수르의 딸 고스비를 창으로 찔러 죽입니다. 하나님께서는 그들을 죽인 비느하스의 열심 때문에 더 이상 진노하지 않으십니다. 그 후에 평화의 하나님께서 비느하스에게 제사장 직분의 언약을 주십니다.

하나님께서는 모든 면에서 완전한 분이십니다. 하나님의 전지전능하심은 완전합니다. 하나님의 평화는 완전한 평화입니다. 하나님의 사랑은 완전한 사랑입니다. 따라서 하나님께서 우리에게 요구하시는 사랑도 완전한 사랑입니다.

사도 바울은 고린도후서를 마치면서 "또 사랑과 평강의 하나님(God of love and peace)이 너희와 함께 계시리라"(고후 13:11)고 인사합니다. 바울은 고린도교회에 완전한 하나님의 사랑과 평강이 함께하길 기원합니다.

사도 요한은 "하나님은 사랑이시라"(요일 4:16)고 정의합니다. 그런데 하나님께서는 완전한 분이십니다. 따라서 하나님의 사랑도 완전한 사랑입니다.

사도 요한은 "사랑하는 자들아 우리가 서로 사랑하자 사랑은 하나님께 속한 것이니 사랑하는 자마다 하나님께로 나서 하나님을 알고 사랑하지 아니하는 자는 하나님을 알지 못하나니 이는 하나님은 사랑이심이라"(요일 4:7-8)고 이야기합니다.

우리를 향하신 하나님의 사랑은 완전한 사랑입니다. 동시에 하나님께서는 우리에게 완전한 사랑을 요구하십니다. 이와 같은 사실을 깨달은 사람만 하나님을 진정으로 사랑할 수 있습니다.

예수님의 말씀처럼 사람이 하나님과 재물을 겸하여 섬길 수 없는 까닭도 여기에 있습니다. 하나님께서 완전한 사랑을 요구하시기 때문입니다(마 6:24).

이스라엘이 우상을 섬긴다고 할 때에 우상만 섬기는 것이 아닙니다. 그들은 하나님도 섬기면서 동시에 우상을 섬깁니다. 그러나 하나님께서 이스라엘에게 원하시는 것은 온전히 하나님만 섬기는 것입니다. 두 주인을 섬기는 것을 결코 용납하지 않으십니다. 따라서 하나님을 향한 완전한 사랑을 깨뜨리는 그 어떤 요소들도 용납하지 말아야 합니다.

십자가는 하나님의 사랑을 잘 보여줍니다. 하나님께서 죄인인 우리를 구원하시려고 독생자 예수 그리스도를 보내십니다. 십자가는 그리스도를 희생시킨 대신에 우리를 구원하신 하나님 사랑의 증거입니다(요일 4:9).

우리가 먼저 하나님을 사랑한 것이 아닙니다. 오직 하나님께서 우리를 사랑하사 우리 죄를 위하여 화목제로 그 아들을 보내신 것입니다(요일 4:10). 하나님께서는 독생자까지 희생하신 완전한 사랑으로 우리를 사랑하십니다.

어느 시대에도 하나님을 본 사람은 없습니다. 그러나 우리가 서로 사랑함으로 우리 안에 거하시는 하나님의 사랑을 표현할 수 있습니다(요일 4:12). 누구든지 사랑 안에 거하는 자는 하나님 안에 거하기 때문입니다. 동시에 하나님께서도 바로 그 사람 안에 거하기 때문입니다(요일 4:16).

하나님의 사랑은 완전합니다. 동시에 완전한 사랑은 두려움을 물리치는 담대한 사랑입니다. 사도 요한은 두려움을 이기는 완전한 사랑을 다음과 같이 표현합니다.

> "이로써 사랑이 우리에게 온전히 이룬 것은 우리로 심판 날에 담대함을 가지게 하려 함이니 주의 어떠하심과 같이 우리도 세상에서 그러하니라 사랑 안에 두려움이 없고 온전한 사랑이 두려움을 내어 쫓나니 두려움에는 형벌이 있음이라 두려워하는 자는 사랑 안에서 온전히 이루지 못하였느니라"(요일 4:17-18)

사도 바울은 그 어떤 것들도 하나님의 완전한 사랑을 끊을 수 없다는 것을 확신합니다. 또한 그는 하나님의 사랑 안에서 온갖 두려움도 극복할 수 있다고 선언합니다.

> "내가 확신하노니 사망이나 생명이나 천사들이나 권세자들이

나 현재 일이나 장래 일이나 능력이나 높음이나 깊음이나 다
른 아무 피조물이라도 우리를 우리 주 그리스도 예수 안에 있
는 하나님의 사랑에서 끊을 수 없으리라"(롬 8:38-39)

"대저 의인의 길은 여호와께서 인정하시나 악인의 길은 망하
리로다"(시 1:6)

첫째, 하나님의 두 가지 성품은 사랑과 공의입니다.

하나님의 사랑은 언제나 하나님의 공의에 근거합니다. 동시에 하나
님의 공의는 하나님의 사랑에 바탕을 둡니다. 공의를 무시한 사랑이라
면 그것은 진정한 사랑이 아닙니다. 동시에 사랑을 무시한 공의라면 그
것도 진정한 공의가 아닙니다.

사랑과 공의란 동전의 양면과 같습니다. 성경 기록자의 관점에 따라
하나님의 사랑을 강조하거나 반대로 하나님의 공의를 강조합니다. 그
러나 하나님의 사랑을 강조한다고 해서 하나님의 공의를 무시하지 않
습니다. 반대로 하나님의 공의를 강조한다고 해서 하나님의 사랑을 무
시하지도 않습니다.

노아의 대홍수를 살펴보면, 하나님의 사랑과 하나님의 공의가 동시
에 나타납니다. 먼저 하나님의 사랑으로 노아의 가족 8명은 대홍수에서
구원을 받습니다. 그러나 하나님의 공의로 온 세상은 대홍수로 하나님
의 심판을 받습니다. 노아의 입장에서 보면, 대홍수 사건은 구원의 사

건입니다. 그러나 멸망 받은 사람들의 입장에서 보면, 대홍수란 분명히 심판의 사건입니다.

소돔과 고모라의 사건에도 하나님의 사랑과 하나님의 공의가 동시에 나타납니다. 소돔과 고모라의 멸망은 누구도 부인할 수 없는 하나님의 공의로운 심판입니다. 그러나 롯의 입장에서 보면, 이 사건은 그와 그의 가족이 구원받은 하나님의 사랑 이야기입니다.

일반적으로 호세아를 사랑의 선지자, 아모스를 공의의 선지자라고 부릅니다. 호세아 선지자의 강조점은 하나님의 사랑에 있습니다. 반면에 아모스 선지자의 강조점은 하나님의 공의에 있습니다.

호세아는 북쪽 이스라엘을 향하여 하나님 사랑의 메시지를 전합니다.

"내가 네게 장가들어 영원히 살되 의와 공변됨과 은총과 긍휼히 여김으로 네게 장가들며 진실함으로 네게 장가들리니 네가 여호와를 알리라"(호 2:19-20)

그러나 아모스는 하나님의 공의의 메시지를 전합니다. 그의 주제는 "오직 공법을 물같이, 정의를 하수같이 흘릴지로다"(암 5:24)라는 메시지입니다.

이것은 호세아 선지자가 하나님의 공의를 무시한다는 뜻이 아닙니다. 또한 아모스 선지자가 하나님의 사랑을 전혀 언급하지 않는다는 이야기도 아닙니다.

구약성경을 살펴보면 모든 선지자들이 하나님의 사랑과 하나님의 공의를 동시에 선포합니다. 즉 회개를 촉구하는 공의의 메시지와 회복을 약속하는 사랑의 메시지를 반복적으로 선포합니다.

다윗은 성도에 대한 하나님의 사랑과 악인에 대한 하나님의 공의를 동시에 이야기합니다.

> "여호와께서 공의를 사랑하시고 그 성도를 버리지 아니하심이로다 저희는 영영히 보호를 받으나 악인의 자손은 끊어지리로다"(시 37:28)

시편 기자도 하나님의 공의와 사랑을 동시에 이야기합니다.

> "저는 정의와 공의를 사랑하심이여 세상에 여호와의 인자하심이 충만하도다"(시 33:5)

> "여호와를 사랑하는 너희여 악을 미워하라 저가 그 성도의 영혼을 보전하사 악인의 손에서 건지시느니라"(시 97:10)

이사야 선지자도 하나님의 공의와 사랑을 이야기합니다.

> "대저 나 여호와는 공의를 사랑하며 불의의 강탈을 미워하여 성실히 그들에게 갚아 주고 그들과 영영한 언약을 세울 것이라"(사 61:8)

신구약성경 66권은 그 강조점에 따라서 하나님의 사랑에 초점을 맞추기도 하고, 하나님의 공의에 초점을 맞추기도 합니다. 동일한 사건이라도 보는 관점과 강조점에 따라서 하나님의 사랑과 공의를 드러냅니다.

일상적으로 우리가 만나는 모든 일들도 하나님의 두 가지 성품을 보여줍니다. 따라서 하나님의 사랑과 하나님의 공의란 동전의 양면처럼 상호간에 긴밀한 관계를 유지하고 있습니다. 그리스도인들은 언제든지 이와 같은 하나님의 두 가지 성품을 배경으로 하나님의 뜻을 깨달아야 합니다.

둘째, 십자가란 하나님의 사랑과 공의가 만나는 자리입니다.

십자가는 하나님의 공의와 사랑이 동시에 나타나는 자리입니다. 십자가는 하나님께서 억만 죄악에서 죄인들을 구원하신 사랑의 증거입니다. 동시에 십자가는 "죄의 삯은 사망"(롬 6:23)이라는 하나님의 율례를 증명하는 공의의 증거입니다.

하나님의 사랑 때문에 십자가에서 죄인들이 구원받습니다. 동시에 하나님의 공의 때문에 십자가에서 죄 없으신 예수님께서 돌아가십니다. 이와 같이 십자가에는 하나님의 공의와 사랑이 동시에 나타납니다.

하나님의 은혜로 구원받은 성도들은 십자가를 볼 때마다 나를 구원하신 하나님의 사랑을 깨달아야 합니다. 동시에 십자가를 볼 때마다 나를 구원하시려고 독생자를 죽이신 하나님의 공의를 깨달아야 합니다.

구원받은 성도들의 입장에서 십자가를 보면, 우리가 값없이 은혜로 구원받은 것이 사실입니다. 그러나 하나님의 입장에서 보면, 십자가란 우리를 구원하시려고 독생자 예수 그리스도를 우리의 죄값으로 지불하신 공의의 사건입니다.

사도 바울은 이와 같은 사실을 깨닫고 다음과 같이 고백합니다.

"내가 그리스도와 함께 십자가에 못박혔나니 그런즉 이제는 내가 산 것이 아니요 오직 내 안에 그리스도께서 사신 것이라 이제 내가 육체 가운데 사는 것은 나를 사랑하사 나를 위하여 자기 몸을 버리신 하나님의 아들을 믿는 믿음 안에서 사는 것이라"(갈 2:20)

"내가 사람의 방언과 천사의 말을 할지라도 사랑이 없으면 소리나는 구리와 울리는 꽹과리가 되고 내가 예언하는 능이 있어 모든 비밀과 모든 지식을 알고 또 산을 옮길 만한 모든 믿음이 있을지라도 사랑이 없으면 내가 아무것도 아니요 내가 내게 있는 모든 것으로 구제하고 또 내 몸을 불사르게 내어 줄지라도 사랑이 없으면 내게 아무 유익이 없느니라"(고전 13:1-3)

첫째, 사랑은 모든 허물을 덮어줍니다.

모세가 시내 산에서 받은 십계명을 보관하도록 "법궤"를 만듭니다. 그리고 십계명을 집어넣은 법궤의 뚜껑을 "속죄소" 또는 "시은좌" 라고 부릅니다(출 25:17-21).

함부로 법궤를 들여다보는 자는 죽을 수밖에 없습니다. 모든 사람은 하나님 앞에서 죄인이기 때문입니다(레 16:2). 따라서 법궤 뚜껑은 죄인이 함부로 법궤를 들여다보고 죽지 않도록 덮어주는 역할을 합니다.

솔로몬은 잠언에서 사랑의 특징은 이처럼 허물을 덮어주는 것이라고 이야기합니다.

"미움은 다툼을 일으켜도 사랑은 모든 허물을 가리우느니라"

(잠 10:12)

베드로에게 속죄소의 역할을 하신 분은 바로 예수님이십니다. 그는
갈릴리 바다에 찾아오신 예수님으로부터 이 진리를 배웁니다. 예수님
은 그에게 똑같은 질문을 세 번이나 반복하십니다. 그는 세 번이나 반
복되는 예수님의 질문 앞에 근심하면서 세 번씩이나 똑같은 대답을 합
니다. 그 후에 주님께서 베드로에게 세 번씩이나 똑같은 사명을 강조하
십니다. 예수님께서는 세 번씩이나 자신을 부인한 베드로의 허물을 진
정한 사랑으로 덮어주신 것입니다.

"저희가 조반 먹은 후에 예수께서 시몬 베드로에게 이르시되
요한의 아들 시몬아 네가 이 사람들보다 나를 더 사랑하느냐
하시니 가로되 주여 그러하외다 내가 주를 사랑하는 줄 주께
서 아시나이다 가라사대 내 어린 양을 먹이라 하시고 또 두
번째 가라사대 요한의 아들 시몬아 네가 나를 사랑하느냐 하
시니 가로되 주여 그러하외다 내가 주를 사랑하는 줄 주께서
아시나이다 가라사대 내 양을 치라 하시고 세 번째 가라사대
요한의 아들 시몬아 네가 나를 사랑하느냐 하시니 주께서 세
번째 네가 나를 사랑하느냐 하시므로 베드로가 근심하여 가
로되 주여 모든 것을 아시오매 내가 주를 사랑하는 줄을 주께
서 아시나이다 예수께서 가라사대 내 양을 먹이라"(요
21:15-17)

　　허물을 덮어주신 예수님의 사랑을 경험한 베드로는 인생의 말년에 믿음의 자녀들에게 "무엇보다도 열심으로 서로 사랑할지니 사랑은 허다한 죄를 덮느니라"(벧전 4:8)고 편지합니다.

　　홍수 후에 노아는 포도 농사를 짓다가 실수를 합니다.

"노아가 농업을 시작하여 포도나무를 심었더니 포도주를 마시고 취하여 그 장막 안에서 벌거벗은지라"(창 9:20-21)

　　이 때 함은 아버지의 실수를 폭로한 반면에 셈과 야벳은 아버지의 허물을 덮어주었습니다.

"가나안의 아비 함이 그 아비의 하체를 보고 밖으로 나가서 두 형제에게 고하매 셈과 야벳이 옷을 취하여 자기들의 어깨에 메고 뒷걸음쳐 들어가서 아비의 하체에 덮었으며 그들이 얼굴을 돌이키고 그 아비의 하체를 보지 아니하였더라"(창 9:22-23)

　　노아는 술이 깨어 그 작은 아들이 자기에게 행한 일을 알고 "가나안은 저주를 받아 그 형제의 종들의 종이 되기를 원하노라"(창 9:25)고 저주합니다. 그리고 허물을 덮어준 셈과 야벳을 축복합니다.

"셈의 하나님 여호와를 찬송하리로다 가나안은 셈의 종이 되고 하나님이 야벳을 창대케 하사 셈의 장막에 거하게 하시고 가나안은 그의 종이 되게 하시기를 원하노라"(창 9:26-27)

　　그 후에 셈과 야벳, 그리고 함의 자손들의 운명은 노아의 축복과 저주대로 이루어집니다. 하나님의 사랑을 받는 사람들은 셈과 야벳처럼 사랑으로 허물을 덮어주어야 합니다.

 101퍼센트의 사랑

둘째, 사랑은 신앙생활의 가장 으뜸가는 덕목입니다.

사도 바울은 "너희는 더욱 큰 은사를 사모하라 내가 또한 제일 좋은 길을 너희에게 보이리라"(고전 12:31)고 선언한 다음에, 사랑장인 고린도전서 13장을 시작합니다. 또한 사랑장인 13장을 마치고 14장의 첫머리에서 모든 신령한 은사를 사모하되 "사랑을 따라 구하라"(고전 14:1)고 교훈합니다. 바울은 고린도전서 12-14장에서 은사를 다루면서 그 어떤 은사보다 사랑의 중요성을 강조합니다.

> "내가 사람의 방언과 천사의 말을 할지라도 사랑이 없으면 소리나는 구리와 울리는 꽹과리가 되고 내가 예언하는 능이 있어 모든 비밀과 모든 지식을 알고 또 산을 옮길 만한 모든 믿음이 있을지라도 사랑이 없으면 내가 아무것도 아니요 내가 내게 있는 모든 것으로 구제하고 또 내 몸을 불사르게 내어 줄지라도 사랑이 없으면 내게 아무 유익이 없느니라"(고전 13:1-3)

그는 사랑장을 "그런즉 믿음, 소망, 사랑, 이 세 가지는 항상 있을 것인데 그중에 제일은 사랑이라"(고전 13:13)고 결론내립니다.

예수님께서는 지상계명에서 신앙생활의 으뜸가는 덕목으로 "하나님 사랑"과 "이웃 사랑"을 강조하십니다.

> "예수께서 대답하시되 첫째는 이것이니 이스라엘아 들으라 주 곧 우리 하나님은 유일한 주시라 네 마음을 다하고 목숨을 다하고 뜻을 다하고 힘을 다하여 주 너의 하나님을 사랑하라 하신 것이요 둘째는 이것이니 네 이웃을 네 몸과 같이 사랑하라 하신 것이라 이에서 더 큰 계명이 없느니라"(막 12:29-31)

유월절 만찬석에서 예수님께서 사랑하는 제자들에게 새 계명을 유언처럼 주십니다.

> "새 계명을 너희에게 주노니 서로 사랑하라 내가 너희를 사랑한 것같이 너희도 서로 사랑하라 너희가 서로 사랑하면 이로써 모든 사람이 너희가 내 제자인 줄 알리라"(요 13:34-35)

예수님께서 공생애를 통하여 강조하신 신앙생활의 으뜸가는 덕목이 바로 사랑입니다.

셋째, 사랑은 가장 귀한 것을 주는 것입니다.

사도 요한은 하나님의 사랑이란 가장 귀중한 것을 주는 것이라고 정의합니다.

> "하나님이 세상을 이처럼 사랑하사 독생자를 주셨으니 이는 저를 믿는 자마다 멸망치 않고 영생을 얻게 하려 하심이니라"
> (요 3:16)

사람 관계에서도 어떤 사람을 정말로 사랑하는지 아닌지 의심스러울 때에 테스트하는 방법이 있습니다. 가장 좋은 방법은 상대에게 귀중한 것을 주는 것입니다. 그 결과 더 귀중한 것을 주고 싶은 마음이 든다면, 틀림없이 사랑하는 것입니다. 그러나 웬일인지 마음이 답답하고 속이 쓰리다면, 사랑하지 않는 것이 확실합니다.

사도 바울은 데살로니가교회 성도들에게 "주기를 즐겨함"으로 사랑을 증명합니다.

> "우리가 이같이 너희를 사모하여 하나님의 복음으로만 아니라

 101퍼센트의 사랑

또한 그는 같은 차원에서 고린도교회 성도들을 향한 사랑을 이야기합니다.

탕자의 비유(눅 15:11-32)를 보면, 둘째 아들을 사랑하는 아버지의 마음과 동생을 사랑하지 않는 형의 마음이 대조적입니다.

아버지는 아들이 돌아온 것만으로도 행복하고 기뻐서 잔치를 베풉니다. 그렇지만 형은 동생의 귀환을 축하하는 잔치를 베푼 것이 못마땅하고 아깝기만 합니다.

하나님께서는 형의 마음이 아니라 아버지의 마음으로 우리를 사랑하십니다. 모든 좋은 것을 아낌없이 주시며 넘치도록 부어주십니다.

하나님께서 광야 40년 동안 이스라엘에게 먹을 것과 마실 것을 주시고, 불기둥과 구름기둥으로 인도하십니다. 하지만 여기서 끝이 아닙니다. 하나님은 이스라엘 백성들에게 젖과 꿀이 흐르는 가나안의 복을 주십니다.

가 파지 아니한 우물을 얻게 하시며 네가 심지 아니한 포도원과 감람나무를 얻게 하사 너로 배불리 먹게 하실 때에 너는 조심하여 너를 애굽 땅 종 되었던 집에서 인도하여 내신 여호와를 잊지 말고 네 하나님 여호와를 경외하며 섬기며 그 이름으로 맹세할 것이니라"(신 6:10-13)

한 마디로 가나안의 복이란 하나님께서 이스라엘에게 아낌없이 주시는 것입니다.

사도 바울은 이와 같은 하나님의 사랑을 확신하고, "자기 아들을 아끼지 아니하시고 우리 모든 사람을 위하여 내어 주신 이가 어찌 그 아들과 함께 모든 것을 우리에게 은사로 주지 아니하시겠느뇨"(롬 8:32)라고 반문합니다.

하나님께서 주시는 복을 빼앗기지 않도록 변함없이 하나님을 사랑하는 사람이 바로 성숙한 그리스도인입니다.

넷째, 사랑은 성령의 열매입니다.

"오직 성령의 열매는 사랑과 희락과 화평과 오래 참음과 자비와 양선과 충성과 온유와 절제니 이 같은 것을 금지할 법이 없느니라"(갈 5:22-23)

본문을 번역한 NIV 영어성경을 보면 다음과 같습니다.

"But the fruit of the Spirit is love, joy, peace, patience, kindness, goodness, faithfulness, gentleness and self-control. Against such things there is no law."

사도 바울은 단수 동사를 사용하여 "오직 성령의 열매는 사랑입니다"(But the fruit of the Spirit is love)라고 정의합니다. 그 후에 사랑을 희락, 화평, 오래 참음, 자비, 양선, 충성, 온유, 절제의 여덟 가지와 동격으로 처리합니다.

따라서 성령의 열매란 아홉 가지 열매들이 아닙니다. 성령의 열매는 사랑입니다. 그 사랑은 다음과 같이 여덟 가지 모습으로 아름답게 나타납니다.

희락(joy)은 사랑의 힘입니다. 화평(peace) 사랑의 보증입니다. 오래 참음(patience)은 사랑의 수고입니다. 자비(kindness)는 사랑의 행위입니다. 양선(goodness)은 사랑의 성품입니다. 충성(faithfulness)은 사랑의 신뢰입니다. 온유(gentleness)는 사랑의 겸손입니다. 절제(self-control)는 사랑의 승리입니다. 이와 같이 성령의 열매는 사랑이고, 그 사랑이 여덟 가지 모습으로 꽃을 피웁니다.

모든 그리스도인은 반드시 성령의 열매인 예수님의 사랑으로 충만해야 합니다. 예수님의 사랑을 소유해야 합니다. 예수님의 사랑을 실천해야 합니다. 만약 사랑이 없다면 소리나는 구리와 울리는 꽹과리가 되고, 소음만 일으킬 것입니다.

따라서 성령이 충만한 사람은 신앙생활을 위하여 성령의 지배를 받아야 합니다. 결코 다른 법을 따를 필요가 없습니다. 그런 의미에서 "이 같은 것을 금지할 법이 없느니라"고 선언합니다.

사랑이 성령의 열매라는 것은 사랑이란 결코 우리가 할 수 있는 일이 아니기 때문입니다. 사랑이란 오직 성령의 은혜로만 가능한 일입니다. 그런 의미에서 사도 요한은 다음과 같이 권면합니다.

결과적으로 성령의 지배를 받고 사랑으로 충만한 신앙생활이란 하나님께 대한 헌신으로 나타납니다. 또한 성령께서는 이같이 헌신하는 마음에 더 많은 하나님의 사랑을 가득 채워주실 것입니다.

4. 하나님의 사랑 테스트

"내가 오늘날 명하는 모든 명령을 너희는 지켜 행하라 그리하면 너희가 살고 번성하고 여호와께서 너희의 열조에게 맹세하신 땅에 들어가서 그것을 얻으리라 네 하나님 여호와께서 이 사십 년 동안에 너로 광야의 길을 걷게 하신 것을 기억하라 이는 너를 낮추시며 너를 시험하사 네 마음이 어떠한지 그 명령을 지키는지 아니 지키는지 알려 하심이라 너를 낮추시며 너로 주리게 하시며 또 너도 알지 못하며 네 열조도 알지 못하던 만나를 네게 먹이신 것은 사람이 떡으로만 사는 것이 아니요 여호와의 입에서 나오는 모든 말씀으로 사는 줄을 너로 알게 하려 하심이니라"(신 8:1-3)

성경의 모든 테스트는 우리의 마음을 테스트합니다. 다윗처럼 "하나님의 마음에 합한 사람"이 되면(행 13:22), 하나님의 테스트에 합격할 수 있습니다. 그러나 광야세대처럼 불순종하면, 하나님의 테스트에 불합격할 것입니다.

모세는 신명기에서 광야생활 40년을 정리하면서 하나님께서 "알고 싶은 것"과 "알게 하고 싶은 것"이 무엇인가를 가르쳐줍니다(신 8:1-3).

먼저 하나님께서 알고 싶은 것은 "네 마음"이라고 합니다. 즉 어떤 상황에서라도 하나님의 명령에 순종하는지 순종하지 아니하는지를 알고 싶다는 것입니다.

또한 하나님께서 알게 하고 싶은 것은 "삶의 본질"에 관한 것입니다. 사람은 떡으로만 사는 것이 아니라 하나님의 말씀으로 사는 것입니다. 아무 것도 없는 광야에서 물 한 모금, 떡 한 조각이라도 먹는다면, 그것은 하나님께서 주신 것이기 때문입니다.

제자의 자격은 한 마디로 그 무엇보다 주님을 사랑하는 마음입니다. 하나님께서 보시는 것은 우리의 마음이기 때문입니다. 예수님께서는 다음과 같은 말씀으로 우리의 사랑을 테스트합니다. 이와 같은 사랑의 테스트를 통과한다면, 제자의 자격이 충분한 사람입니다.

"아비나 어미를 나보다 더 사랑하는 자는 내게 합당치 아니하고 아들이나 딸을 나보다 더 사랑하는 자도 내게 합당치 아니하고 또 자기 십자가를 지고 나를 좇지 않는 자도 내게 합당치 아니하니라 자기 목숨을 얻는 자는 잃을 것이요 나를 위하여 자기 목숨을 잃는 자는 얻으리라"(마 10:37-39)

예수님께서는 제자의 으뜸이 되는 자격이 무엇인가를 가르쳐줍니다. 그것은 바로 세상의 그 어떤 것보다 더욱 더 주님을 사랑하는 마음입니다. 즉 아버지나 어머니, 아들이나 딸, 심지어 자신의 목숨보다도 주님을 더 사랑해야 합니다. 예수님께서 제자들을 파송하시면서 제자의 자격을 스스로 테스트하도록 말씀하십니다.

사도 바울은 자기의 앞길을 염려하는 형제들을 향하여 주님을 사랑

 101퍼센트의 사랑

하는 마음으로 담대하게 고백합니다. 그의 고백은 주님을 향한 뜨거운 사랑이 넘쳐나는 고백입니다. 만약 사도 바울처럼 제자의 자격을 완벽하게 갖춘 사람이 있다면, 굳이 사랑의 테스트를 받을 필요가 없습니다.

> "보라 이제 나는 심령에 매임을 받아 예루살렘으로 가는데 저기서 무슨 일을 만날는지 알지 못하노라 오직 성령이 각 성에서 내게 증거하여 결박과 환난이 나를 기다린다 하시나 나의 달려갈 길과 주 예수께 받은 사명 곧 하나님의 은혜의 복음 증거하는 일을 마치려 함에는 나의 생명을 조금도 귀한 것으로 여기지 아니하노라"(행 20:22-24)

그런데 창세기 22장을 보면, 하나님께서 믿음의 조상 아브라함에게 사랑의 테스트를 실시하십니다. 이것은 아브라함의 인생에서 겪은 하나님의 마지막 테스트입니다.

> "여호와께서 가라사대 네 아들 네 사랑하는 독자 이삭을 데리고 모리아 땅으로 가서 내가 네게 지시하는 한 산 거기서 그를 번제로 드리라"(창 22:2)

아브라함을 향한 하나님의 테스트를 쉽게 해석한다면, "아브라함아! 너는 하나님과 독자 이삭 가운데 누구를 더 사랑하느냐?"라는 것입니다. 하나님께서 요구하시는 답은 물론 하나님을 사랑하는 것입니다. 이 장면에서 아브라함은 멋지게 하나님을 사랑한다고 선택함으로 테스트를 통과합니다.

아브라함은 모리아 산 제단 위에 이삭을 결박하고, 칼을 들어 이삭을 잡으려고 합니다. 그러자 오히려 다급해진 쪽은 아브라함이 아니라 하나님이십니다. 하나님께서 아브라함을 멈추게 하시고, 아브라함의 사랑을 인정하십니다. 그 이후에는 하나님께서 더 이상 아브라함을 테스트하지 않으십니다.

> "그 아이에게 네 손을 대지 말라 아무 일도 그에게 하지 말라 네가 네 아들 네 독자라도 내게 아끼지 아니하였으니 내가 이제야 네가 하나님을 경외하는 줄을 아노라"(창 22:12)

아브라함이 받은 모리아 산의 테스트는 예수님의 십자가의 모형입니다. 아브라함이 사랑하는 독자 이삭을 버린 것처럼, 하나님께서 사랑하는 독생자 예수 그리스도를 버리신 사건이기 때문입니다.

십자가는 하나님께서 독생자 예수 그리스도를 버리시고, 죄인인 우리를 선택하신 사랑의 증거입니다. 마태는 당시의 처절한 상황을 다음과 같이 기록합니다.

> "제 구시 즈음에 예수께서 크게 소리질러 가라사대 엘리 엘리 라마 사박다니 하시니 이는 곧 나의 하나님, 나의 하나님, 어찌하여 나를 버리셨나이까 하는 뜻이라"(마 27:46)

예수님께서 "엘리 엘리 라마 사박다니"라고 절규하십니다. 그런 의미에서 모리아 산의 테스트는 십자가의 사건을 가장 잘 묘사합니다.

즉 아브라함이 사랑하는 독자 이삭을 모리아 산에서 번제로 바친 것처럼, 하나님께서 사랑하는 독생자 예수 그리스도를 십자가에서 화목제물로 삼으십니다. 그 결과 우리 같은 죄인들이 구원을 받습니다(롬 3:25; 요일 2:2). 사도 요한은 십자가에 나타난 하나님의 사랑을 다음과 같이 묘사합니다.

 101퍼센트의 사랑

또한 사도 바울은 십자가에 나타난 하나님의 사랑을 다음과 같이 정의합니다.

즉 "우리가 아직 연약할 때에, 우리가 아직 죄인 되었을 때에, 곧 우리가 원수 되었을 때에" 그리스도께서 십자가에 죽으심으로 우리를 향하신 하나님의 사랑을 확증하십니다.

하나님께서 우리를 이처럼 사랑하시기 때문에, 우리에게도 완전한 사랑을 요구하십니다. 하나님의 사랑 테스트란 십자가의 사랑으로 우리를 사랑하신 하나님께서 우리에게 완전한 사랑을 요구하는 테스트입니다.

즉 하나님께서 어떤 환경에서라도 하나님만 사랑하는 우리의 마음을 원하십니다. 진정한 사랑이란 하나님께서 사랑하는 독생자 예수 그리스도를 버리시고 우리를 선택하신 것처럼 우리도 세상에서 사랑하던 모든 것들을 포기하고 하나님을 사랑하는 것입니다.

이와 같은 하나님의 사랑을 깨닫는다면 누구든지 진정으로 하나님을 사랑할 수 있습니다. 따라서 하나님께서 우리의 마음을 테스트하는 것은 결코 무리한 요구가 아닙니다.

하나님을 사랑하는 사람들이라면, 누구든지 믿음의 조상 아브라함처럼 하나님의 사랑 테스트를 멋지게 통과할 수 있을 것입니다.

“사랑은 오래 참고 사랑은 온유하며

투기하는 자가 되지 아니하며

사랑은 자랑하지 아니하며 교만하지 아니하며

……

그런즉 믿음, 소망, 사랑, 이 세 가지는

항상 있을 것인데 그중에 제일은 사랑이라 ”

(고전 13:4-13)

제2부

사람을 향한 하나님의 사랑

1. 나를 사랑하시는 하나님

"내가 그리스도와 함께 십자가에 못박혔나니 그런즉 이제는 내가 산 것이 아니요 오직 내 안에 그리스도께서 사신 것이라 이제 내가 육체 가운데 사는 것은 나를 사랑하사 나를 위하여 자기 몸을 버리신 하나님의 아들을 믿는 믿음 안에서 사는 것이라"(갈 2:20)

한국대학생선교회(CCC)에서 발행한 사영리를 보면, 첫 번째 구원의 원리는 하나님의 사랑을 깨달음에서 출발합니다.

"하나님께서 당신을 사랑하시고, 당신을 위한 놀라운 계획을 갖고 계십니다."

하나님께서 나를 사랑하신다는 사실을 깨닫는 것이 신앙생활의 첫 번째 단계입니다. 사람은 자기와 비슷한 성향의 사람을 좋아하고 사랑합니다. 그러나 하나님께서는 도저히 사랑할 수 없는 조건의 사람까지도 사랑하십니다.

성경은 하나님의 가장 위대한 두 가지 사역을 기록합니다. 그것은 창조와 구원의 이야기입니다. 믿음의 사람들은 성경에 기록한 창조와 구원의 이야기를 통하여 나를 향하신 하나님의 사랑을 깨닫습니다.

성경의 모든 말씀은 "하나님은 누구십니까?"와 "나는 누구입니까?"라는 질문에 대답을 합니다. 성경은 하나님의 위대하심과 내 자신의 나약함을 가르쳐줍니다. 동시에 성경은 위대하신 하나님께서 도저히 사랑할 수 없는 나를 사랑하심을 가르쳐줍니다.

이와 같이 나를 향하신 하나님의 사랑을 깨닫는다면 누구든지 하나님을 뜨겁게 사랑할 수 있습니다. 그것이 바로 믿음의 첫 번째 단계입니다.

첫째, 하나님께서 끝없는 사랑으로 나를 사랑하십니다.

하나님께서는 한 번 사랑하시면, 끝까지 사랑하십니다. 사도 요한은 "유월절 전에 예수께서 자기가 세상을 떠나 아버지께로 돌아가실 때가 이른 줄 아시고 세상에 있는 자기 사람들을 사랑하시되 끝까지 사랑하시니라"(요 13:1)고 기록합니다.

사도 바울은 예수님의 십자가에서 놀라운 진리를 깨닫습니다. 그는 자기를 향하신 예수님의 끝없는 사랑을 발견합니다. 그는 십자가에서 "나를 사랑하사 나를 위하여 자기 몸을 버리신 하나님의 아들"을 만납니다.

"내가 그리스도와 함께 십자가에 못박혔나니 그런즉 이제는 내가 산 것이 아니요 오직 내 안에 그리스도께서 사신 것이라 이제 내가 육체 가운데 사는 것은 나를 사랑하사 나를 위하여 자기 몸을 버리신 하나님의 아들을 믿는 믿음 안에서 사는 것이라"(갈 2:20)

바울은 나를 향하신 하나님의 사랑을 깨닫습니다. 물론 온 천하 만민을 구원하려면, 예수님의 십자가가 필요합니다. 그러나 단 한 사람 나를 구원하기 위해서도 예수님의 십자가가 필요합니다. 그는 바로 그 십자가에서 나를 사랑하사 나를 위하여 자기 몸을 버리신 하나님의 아들 예수 그리스도를 만납니다. 이것이 사도 바울의 신앙고백이고, 믿음의 출발점입니다.

스바냐 선지자는 하나님의 사랑을 실감나게 찬양합니다. 그는 나를 향하신 하나님의 사랑을 가장 잘 표현하고 있습니다.

"너의 하나님 여호와가 너의 가운데 계시니 그는 구원을 베푸실 전능자시라 그가 너로 인하여 기쁨을 이기지 못하여 하시며 너를 잠잠히 사랑하시며 너로 인하여 즐거이 부르며 기뻐하시리라 하리라"(습 3:17)

스바냐의 노래는 가슴 뭉클한 하나님의 사랑으로 출렁거립니다. 그런데 그 사랑을 보다 더 실감나게 느끼려면, "너"를 "나"로 바꾸어서 불러야 합니다.

"나의 하나님 여호와가 나의 가운데 계시니 그는 구원을 베푸실 전능자시라 그가 나로 인하여 기쁨을 이기지 못하여 하시며 나를 잠잠히 사랑하시며 나로 인하여 즐거이 부르며 기뻐하시리라 하리라."

이와 같이 나를 향하신 하나님의 사랑을 찬양하다 보면, 나를 바라보시는 하나님의 함박웃음이 눈앞에 나타납니다.

둘째, 하나님께서 무한한 사랑으로 나를 사랑하십니다.

"나의 도움이 어디서 올꼬 나의 도움이 천지를 지으신 여호와에게서로다"(시 121:1-2)

시편 121편은 질문과 답변으로 시작합니다. 시인의 질문은 "나의 도움이 어디서 올꼬"라는 것입니다. 시인의 답변은 "나의 도움이 천지를 지으신 여호와에게서로다"라는 확신에 찬 답변입니다.

아무도 나를 도와주지 않는 현실 속에서 시인은 하나님의 성전에 올라갑니다. 그는 봄, 여름, 가을, 겨울 변함없는 시온산을 바라봅니다. 그는 변함없는 시온산의 자태에서 천지를 창조하신 하나님의 도우심을 깨닫습니다. 오직 하나님만 나의 도움이시라는 시인의 확신은 인생의 모든 문제를 해결하는 해답입니다. 그는 계속하여 나를 사랑하시는 하나님의 변함없는 도우심을 세 가지 측면에서 노래합니다(시 121:3-8). 그런데 이 장면에서도 하나님의 변함없는 사랑을 보다 실감나게 체험하려면, "너"를 "나"로 바꾸어 다음과 같이 찬양해야 합니다.

"여호와께서 나로 실족지 않게 하시며 나를 지키시는 자가 졸지 아니하시리로다 이스라엘을 지키시는 자는 졸지도 아니하고 주무시지도 아니하시리로다 여호와는 나를 지키시는 자라 여호와께서 내 우편에서 내 그늘이 되시나니 낮의 해가 나를 상치 아니하며 밤의 달도 나를 해치 아니하리로다 여호와께서 나를 지켜 모든 환난을 면케 하시며 또 내 영혼을 지키시리로다 여호와께서 나의 출입을 지금부터 영원까지 지키시리로다.”

(1) 졸지도 않고 주무시지도 않고 나를 지켜주십니다.

세상에서 가장 큰 고통은 잠을 못자는 것입니다. 사람을 고문할 때에도 신체 부위에 상처를 입히지 않고, 가장 큰 고통을 주는 방법이 바로 잠을 재우지 않는 것입니다. 아무리 사랑하는 남편이나 아내, 또는 아들이나 딸이 중병으로 입원을 하더라도 잠을 자지 않고 간호할 수는 없습니다. 하루 밤, 이틀 밤 정도는 모르지만, 계속해서 잠을 자지 않는 것은 불가능합니다.

그러나 하나님께서는 졸지도 않고 주무시지도 않고 나를 사랑으로 돌보십니다. 시인은 바로 그 하나님의 도우심을 깨닫습니다. 천하 만물이 고요히 잠든 오늘밤에도 하나님께서는 변함없이 나를 지키고 계십니다.

(2) 구름기둥과 불기둥으로 나를 지켜주십니다.

해치 아니하리로다"(시 121:5-6)

이스라엘은 광야의 삶을 통하여 하나님의 사랑을 실감나게 느낍니다. 광야란 일교차가 심해서 사람이 살 수 없는 곳입니다. 낮에는 너무 덥고, 밤에는 너무 춥습니다. 그런데 아무리 더운 낮에도 그늘에 들어가면 시원합니다. 또한 밤에 추위를 이기는 방법은 불을 피우는 것입니다. 이스라엘을 사랑하신 하나님께서 낮에는 구름기둥으로 광야에 그늘을 만드십니다. 또한 밤에는 불기둥으로 추위를 막아주십니다. 이와 같이 구름기둥과 불기둥의 첫 번째 역할은 광야의 더위와 추위로부터 이스라엘을 보호하는 일입니다.

구름기둥과 불기둥의 또 다른 역할은 이스라엘 백성을 인도하는 길잡이 역할입니다. 즉 길이 없는 광야에서 젖과 꿀이 흐르는 가나안까지 이스라엘을 인도하는 역할입니다.

광야생활을 살펴보면 성막을 세운 날부터 구름기둥과 불기둥이 성막 위에 나타납니다. 구름기둥과 불기둥은 하나님의 임재를 상징합니다. "성막을 세운 날에 구름이 성막 곧 증거막을 덮었고 저녁이 되면 성막 위에 불 모양 같은 것이 나타나서 아침까지 이르렀으되 항상 그러하여 낮에는 구름이 그것을 덮었고 밤이면 불 모양이 있었는데" (민 9:15-16)라는 말씀처럼, 구름기둥과 불기둥은 하나님께서 이스라엘을 떠나지 않고 함께하심을 보여줍니다.

"혹시 구름이 저녁부터 아침까지 있다가 아침에 그 구름이 떠오를 때에는 그들이 진행하였고 구름이 밤낮 있다가 떠오르면 곧 진행하였으며 이틀이든지 한 달이든지 일 년이든지 구름이 구름기둥과 불기둥으로 하나님께서 이스라엘 가운데 임재하신 것처럼, 시인은 하나님께서 나와 함께 계심을 확신합니다. 구름기둥과 불기둥으로 광야에서 이스라엘을 보호하신 것처럼, 하나님께서 나를 보호하심을 확신합니다. 불기둥과 구름기둥으로 이스라엘을 가나안까지 인도하신 것처럼, 하나님께서 광야 같은 인생길에 나의 인도자이심을 확신합니다.

(3) 시공을 초월하여 나를 지켜주십니다.

먼저 시인은 공간적으로 완벽하게 나를 도우시는 하나님을 믿고 의지합니다. 사람은 나약하기 때문에 아무리 사랑하는 사람이 어려운 일을 당해도 능력의 한계가 있습니다. 도와줄 수 있는 일이 있고, 도와줄 수 없는 일도 있습니다. 그러나 하나님께는 한계가 없습니다. 육체의 문제를 해결하실 뿐만 아니라 영혼의 문제까지 해결하십니다.

하나님께서는 우주 공간 어디에서 나를 지켜주십니다. 또한 영육간

의 모든 문제를 해결하시고 나를 지켜주십니다. 나의 모든 환난을 막아
주시고 나의 영혼을 지켜주실 분은 오직 하나님뿐이십니다.

셋째, 하나님께서 세상이 알지 못하는 사랑으로 나를 사랑하십니다.

하나님께서 하나님의 자녀들을 사랑하십니다. 또한 그 사실을 세상
사람들도 알게 하십니다. 따라서 사단의 지배를 받는 세상도 하나님께
서 우리를 사랑하심을 너무나 잘 알고 있습니다. 그렇기 때문에 세상은
하나님의 사랑하는 자녀들을 더욱 미워합니다.

주님께서 빌라델비아교회의 사자에게 다음과 같이 편지를 보냅니다.

"보라 사단의 회 곧 자칭 유대인이라 하나 그렇지 않고 거짓말
하는 자들 중에서 몇을 네게 주어 저희로 와서 네 발 앞에 절
하게 하고 내가 너를 사랑하는 줄을 알게 하리라"(계 3:9)

하나님께서 이처럼 나를 사랑하심을 세상도 잘 알고 있습니다. 그런
데 놀라운 것은 이 사실을 모르는 사람들이 있습니다. 무엇보다도 하나
님의 자녀들은 하나님께서 나를 사랑하신다는 사실을 확신해야 합니
다. 세상의 미움을 받는 그 자체가 바로 하나님의 사랑을 받는 증거라
는 사실을 깨달아야 합니다.

"세상이 너희를 미워하면 너희보다 먼저 나를 미워한 줄을 알
라 너희가 세상에 속하였으면 세상이 자기의 것을 사랑할 터
이나 너희는 세상에 속한 자가 아니요 도리어 세상에서 나의
택함을 입은 자인 고로 세상이 너희를 미워하느니라"(요

우리가 세상의 미움을 받는 까닭은 세상에 속한 사람이 아니기 때문입니다. 우리가 주님께 선택을 받은 사람이기 때문입니다. 또한 예수님께서 세상의 미움을 받는 제자들을 위하여 다음과 같이 기도하십니다.

"내가 아버지의 말씀을 저희에게 주었사오매 세상이 저희를 미워하였사오니 이는 내가 세상에 속하지 아니함같이 저희도 세상에 속하지 아니함을 인함이니이다"(요 17:14)

예수님의 기도는 세상이 우리를 미워하는 까닭을 명백하게 가르쳐 주십니다. 한 마디로 하나님께서 우리를 사랑하시기 때문입니다.

세상이 우리를 미워하면 그것을 통해 하나님의 사랑을 확신해야 합니다. 또한 하나님의 자녀답게 하나님의 사랑 안에서 세상의 환난과 핍박을 이겨야 합니다.

그러나 세상은 우리를 향한 하나님의 사랑의 부요함을 알지 못합니다. 사도 요한은 하나님께서 우리를 얼마나 사랑하시는가를 증언합니다. 세상은 도저히 알지 못하는 사랑으로 하나님께서 우리를 사랑하십니다. 심지어 하나님께서 자녀의 권세를 주시기까지 우리를 사랑하십니다.

요한은 "보라 아버지께서 어떠한 사랑을 우리에게 주사 하나님의 자녀라 일컬음을 얻게 하셨는고, 우리가 그러하도다 그러므로 세상이 우리를 알지 못함은 그를 알지 못함이니라"(요일 3:1)고 이야기합니다.

우리가 이와 같이 하나님의 자녀의 권세를 얻은 것은 전적으로 하나님의 은혜입니다.

예수 그리스도를 나의 구주로 믿고 영접하는 자들에게 하나님의 자녀의 권세를 주십니다. 자녀의 권세란 결코 사람의 방법이나 기준으로 얻을 수 없습니다.

따라서 요한은 "영접하는 자 곧 그 이름을 믿는 자들에게는 하나님의 자녀가 되는 권세를 주셨으니 이는 혈통으로나 육정으로나 사람의 뜻으로 나지 아니하고 오직 하나님께로서 난 자들이니라"(요 1:12-13)고 선언합니다.

넷째, 하나님께서는 모든 싸움에서 승리하도록 도와 주십니다.
"이것을 너희에게 이름은 너희로 내 안에서 평안을 누리게 하려 함이라 세상에서는 너희가 환난을 당하나 담대하라 내가 세상을 이기었노라 하시니라"(요 16:33)

이것은 예수님께서 세상에서 핍박받을 제자들에게 권면하신 말씀입니다. 핍박을 받을 때마다 예수님의 제자답게 주님의 승리를 믿고 담대하라는 교훈입니다. 세상의 핍박을 이기는 사람만 주님 안에서 참 평안을 누릴 수 있습니다.

(1) 하나님의 사랑을 믿어야 합니다.

승리가 보장된 싸움에서 승리하려면 무엇보다도 나를 향하신 하나님의 사랑을 믿어야 합니다.

사도 바울은 세상의 그 어떤 것으로도 끊을 수 없는 그리스도의 사랑을 확신합니다. 그는 우리를 사랑하시는 주님 때문에 우리가 세상을 넉넉히 이길 것을 확신합니다. 하나님의 사람들은 바울처럼 승리가 보장된 싸움에서 반드시 승리할 것을 확신해야 합니다.

> "누가 우리를 그리스도의 사랑에서 끊으리요 환난이나 곤고나 핍박이나 기근이나 적신이나 위험이나 칼이랴 기록된바 우리가 종일 주를 위하여 죽임을 당케 되며 도살할 양같이 여김을 받았나이다 함과 같으니라 그러나 이 모든 일에 우리를 사랑하시는 이로 말미암아 우리가 넉넉히 이기느니라"(롬 8:35-37)

바울이 이처럼 승리를 장담하는 까닭은 하나님의 사랑에 대한 확신 때문입니다. 그는 어떤 존재들이나 상황들도 우리를 그리스도 예수 안에 있는 하나님의 사랑에서 끊을 수 없다고 다음과 같이 확신합니다.

> "내가 확신하노니 사망이나 생명이나 천사들이나 권세자들이나 현재 일이나 장래 일이나 능력이나 높음이나 깊음이나 다른 아무 피조물이라도 우리를 우리 주 그리스도 예수 안에 있는 하나님의 사랑에서 끊을 수 없으리라"(롬 8:38-39)

(2) 하나님의 놀라운 계획을 믿어야 합니다.

승리가 보장된 싸움에서 승리하려면 나를 향하신 하나님의 놀라운 계획을 믿어야 합니다.

가나안 땅을 정복하려는 하나님의 계획은 75세의 아브라함을 부르실 때부터 약속하신 것입니다. 하나님의 계획은 아브라함과 그 자손을 가나안 땅의 주인공으로 만드는 것입니다.

 101퍼센트의 사랑

야곱이 태어날 당시에 아버지 이삭은 60세이고, 할아버지 아브라함
은 160세입니다. 130세의 야곱이 애굽에 내려간 후 430년 만에 드디어
이스라엘 자손은 출애굽을 합니다. 그럼에도 불구하고 광야세대가 가
나안에 들어가지 못합니다. 그들이 광야에서 엎드러진 비극의 원인은
하나님의 계획을 믿지 못한 불신앙 때문입니다.

하나님께서 75세의 아브라함을 부르신지 645년 만에 이스라엘은 출
애굽을 합니다. 즉 25년(75세의 아브라함이 100세에 이삭을 낳기까지)
+ 60년(이삭이 야곱을 낳은 나이) + 130년(야곱이 애굽에 내려간 나이)
+ 430년(애굽의 노예생활) = 645년이 나옵니다. 하나님께서 아브라함
과 이미 645년 전에 약속한 언약을 지키십니다. 아브라함의 자손인 이
스라엘을 약속의 땅 가나안으로 인도하십니다.

그런데 출애굽의 현장에 있던 광야세대가 그들을 위한 하나님의 계
획을 믿지 못합니다. 민수기 13-14장을 보면 가나안 땅을 40일 동안 탐
지한 12명의 정탐꾼 보고가 나옵니다. 이스라엘 백성들은 하나님의 계
획을 불신한 10명의 정탐꾼들이 가져온 부정적 보고에 귀를 기울입니다.

10명의 정탐꾼들은 그 탐지한 땅을 악평합니다. 동시에 광야세대는 그들의 부정적 보고에 동조합니다. 그들은 집단적으로 "메뚜기 증후군"에 빠지고 맙니다.

여호수아 2장에서 두 정탐꾼을 영접한 기생 라합의 이야기는 우리를 더욱 슬프게 만듭니다. 그녀는 40년 전에 이스라엘이 홍해바다를 건너던 그 때부터 여리고 성은 이스라엘의 기세에 눌려서 두려움에 떨고 있다고 이야기합니다.

> "두 사람이 눕기 전에 라합이 지붕에 올라가서 그들에게 이르러 말하되 여호와께서 이 땅을 너희에게 주신 줄을 내가 아노라 우리가 너희를 심히 두려워하고 이 땅 백성이 다 너희 앞에 간담이 녹나니 이는 너희가 애굽에서 나올 때에 여호와께서 너희 앞에서 홍해 물을 마르게 하신 일과 너희가 요단 저편에 있는 아모리 사람의 두 왕 시혼과 옥에게 행한 일 곧 그들을 전멸시킨 일을 우리가 들었음이라 우리가 듣자 곧 마음이 녹았고 너희의 연고로 사람이 정신을 잃었나니 너희 하나님 여호와는 상천 하지에 하나님이시니라"(수 2:8-11)

여리고 성과 기생 라합은 하나님의 놀라운 계획을 40년 전부터 알고 있습니다. 그러나 당사자인 광야세대의 이스라엘 백성들은 하나님의 계획을 불신합니다.

우리는 나를 향하신 하나님의 놀라운 계획을 불신하는 광야세대의 어리석음을 되풀이하지 말아야 합니다. 하나님께서 나를 사랑하시고, 나를 위한 놀라운 계획을 갖고 계심을 믿어야 합니다.

(3) 부정적인 말을 금해야 합니다.

승리가 보장된 싸움에서 승리하려면 또 하나의 주의사항을 지켜야 합니다.

광야세대처럼 부정적인 말로 하나님의 계획을 무산시키지 말아야 합니다. 즉 입술에 파수꾼을 세워야 합니다.

> "여호와여 내 입 앞에 파숫군을 세우시고 내 입술의 문을 지키소서"(시 141:3)

광야세대의 비극은 여호수아와 갈렙의 긍정적 보고를 믿지 못한 것입니다. 그러나 여호수아와 갈렙은 60만 명의 반대에도 불구하고 하나님의 약속을 믿고 긍정적으로 보고합니다.

> "우리가 두루 다니며 탐지한 땅은 심히 아름다운 땅이라 여호와께서 우리를 기뻐하시면 우리를 그 땅으로 인도하여 들이시고 그 땅을 우리에게 주시리라 이는 과연 젖과 꿀이 흐르는 땅이니라 오직 여호와를 거역하지 말라 또 그 땅 백성을 두려워하지 말라 그들은 우리 밥이라 그들의 보호자는 그들에게서 떠났고 여호와는 우리와 함께하시느니라 그들을 두려워 말라"(민 14:7-9)

하나님께서는 하나님의 놀라운 계획을 믿지 않고 원망한 세대를 징계하십니다. 부정적으로 하나님과 모세를 원망한 광야세대는 모조리 가나안에 들어가지 못합니다. 오직 하나님의 계획을 확신하고 믿음으로 보고한 여호수아와 갈렙만 가나안의 주인공이 됩니다.

하나님께서 "너희 말이 내 귀에 들린 대로 내가 너희에게 행하리니 너희 시체가 이 광야에 엎드러질 것이라 너희 이십 세 이상으로 계수함을 받은 자 곧 나를 원망한 자의 전부가 여분네의 아들 갈렙과 눈의 아들 여호수아 외에는 내가 맹세하여 너희로 거하게 하리라 한 땅에 결단코 들어가지 못하리라"(민 14:28-30)고 선언하십니다.

특별히 "너희 말이 내 귀에 들린 대로 내가 너희에게 행하리니"라는 말씀은 오늘날 우리에게도 적용되는 중대한 선언입니다. 하나님의 사람들은 여호수아와 갈렙처럼 어떤 상황에서도 입술에 파수꾼을 세워야 합니다. 또한 하나님의 계획을 믿어야 합니다. 결단코 부정적인 말을 내뱉지 말아야 합니다(민 14:28).

다윗처럼 "나의 반석이시요 나의 구속자이신 여호와여 내 입의 말과 마음의 묵상이 주의 앞에 열납되기를 원하나이다"(시 19:14)라고 기도하는 심정을 지녀야 합니다.

사도 바울이 로마서에서 "사람이 마음으로 믿어 의에 이르고 입으로 시인하여 구원에 이르느니라"(롬 10:10)고 가르쳐준 진리를 마음에 새겨야 합니다.

아무리 큰 은혜를 받아도 말 한 마디로 다 쏟아버릴 수 있습니다. 하나님의 계획을 믿지 못하는 부정적인 말 한 마디는 그 크신 하나님의 은혜를 다 쏟아버리기에 충분합니다.

하나님의 자녀들은 승리가 보장된 싸움에서 반드시 승리해야 합니다. 나를 향하신 하나님의 사랑하심을 확신해야 합니다. "하나님께서 나만 사랑하십니다!"라는 확신이 가슴 깊은 곳에서부터 솟아나야 합니다. 또한 나를 끝까지 사랑하시는 하나님의 놀라운 계획을 믿어야 합니다. 여호수아와 갈렙처럼 입술에 파수꾼을 세우고 부정적인 말을 토하지 말아야 합니다. 하나님께서 나를 사랑하심을 확신하는 것이 신앙생활의 첫 번째 단계이고, 동시에 마지막 단계입니다.

"우리가 하나님과 함께 일하는 자로서 너희를 권하노니 하나님의 은혜를 헛되이 받지 말라 가라사대 내가 은혜 베풀 때에 너를 듣고 구원의 날에 너를 도왔다 하셨으니 보라 지금은 은혜 받을 만한 때요 보라 지금은 구원의 날이로다"(고후 6:1-2)

"하나님의 은혜"란 사람에 대한 하나님의 자발적이고 무제한적인 사랑의 선물입니다. 하나님께서는 사람의 죄악과 무가치함에도 불구하고 그 크신 사랑으로 용서하시고 영생을 주십니다.

구약성경에는 "은혜"를 의미하는 세 가지 히브리어 명사, "헨"(chen)과 "라하밈"(rachamim)과 "헤세드"(chesed)가 있습니다. 첫 번째 "헨"(chen)은 하나님께서 경건한 자와 고난 당하는 자에게 호의를 베푸시는 것을 의미합니다. 두 번째 "라하밈"(rachamim)은 특히 죄를 용서하는 것을 의미합니다. 세 번째 "헤세드"(chesed)는 흔히 "인자"(仁慈)라고 번역하는데, 이것은 하나님의 본질적인 사랑을 가리킵니다.

신약성경의 "은혜"(카리스, charis)에 내용적으로 가장 가까운 말은 "헤세드"입니다.

넓은 의미에서 은혜란 창조와 구속을 포함하는 하나님의 총체적인 사역을 의미합니다. 좁은 의미에서 은혜란 십자가와 부활에 나타난 하나님의 화해입니다. 즉 죄인을 용납하시는 하나님의 사랑으로 그 주도권이 하나님에게 있습니다.

따라서 "하나님의 은혜" 란 무조건적인 선택과 넘치는 사랑으로 죄인을 구속하신 하나님의 역사입니다. 특별히 하나님의 은혜란 사람이 거부할 수 없는 불가항력적 성격을 지니고 있습니다.

첫째, 하나님의 은혜를 받은 사람은 어떤 위기를 만나도 승리합니다.

위기를 극복하려면 먼저 하나님의 은혜를 받아야 합니다.

노아는 하나님의 은혜로 대홍수의 위기를 통과합니다. 한나는 서원기도로 하나님의 응답을 받아 불임녀의 고통을 이기고 사무엘을 낳습니다. 히스기야 왕은 병들어 죽게 된 상황에서 하나님의 은혜를 구하고, 죽음의 위기를 극복합니다.

노아와 한나와 히스기야가 받은 하나님의 은혜를 살펴보면 오늘날 우리를 위협하는 위기를 극복하는 비결을 배울 수 있습니다.

(1) 노아

성경은 노아의 대홍수 때의 상황을 다음과 같이 기록합니다.

"여호와께서 사람의 죄악이 세상에 관영함과 그 마음의 생각
의 모든 계획이 항상 악할 뿐임을 보시고 땅 위에 사람 지으셨

이와 같은 하나님의 진노 아래서 노아가 살아난 것은 전적인 하나님의 은혜입니다.

성경은 계속하여 노아의 삶을 다음과 같이 소개합니다.

여기에서 "그러나 노아는 여호와께 은혜를 입었더라"(창 6:8)는 구절과 "노아의 사적은 이러하니라 노아는 의인이요 당세에 완전한 자라"(창 6:9)는 구절을 비교해봅시다. 분명히 창세기 6:8이 창세기 6:9보다 앞에 나옵니다. 즉 노아는 "하나님의 은혜"를 받아 "의인"의 삶을 산 것입니다. 노아가 의인이기 때문에 하나님의 은혜를 받은 것이 결코 아닙니다.

이와 같이 하나님의 은혜를 입은 노아는 온 세상이 대홍수로 멸망하는 자리에서 홀로 구원을 받습니다. 하나님의 은혜를 받으면, 언제 어떤 고난과 위험이 닥쳐와도 죽음의 위기를 통과하고 구원을 받습니다.

(2) 한나

아들을 낳지 못해서 서러운 여인 한나는 하나님께 서원하고 마침내
사무엘을 낳아 하나님의 전에 바칩니다. 그녀는 하나님께 서원하고 사
무엘을 낳는 체험을 통하여 "하나님이 누구신가?"를 깨닫습니다.

"여호와와 같이 거룩하신 이가 없으시니 이는 주 밖에 다른 이
가 없고 우리 하나님 같은 반석도 없으심이니이다"(삼상 2:2)

그녀는 계속하여 전능하신 하나님의 주권을 찬양합니다.

"여호와는 죽이기도 하시고 살리기도 하시며 음부에 내리게도
하시고 올리기도 하시는도다 여호와는 가난하게도 하시고 부
하게도 하시며 낮추기도 하시고 높이기도 하시는도다"(삼상
2:6-7)

한나는 하나님께 울면서 서원기도를 하고, 하나님의 능력을 체험합
니다. 하나님의 손에 인생의 생사화복이 달려있음을 깨닫습니다. 하나
님의 은혜를 받으려면 한나처럼 하나님께 매달리고 더 이상 사람을 찾
아다니지 말아야 합니다. 만약 그 버릇을 고치지 않는다면 결코 하나님
의 은혜를 받을 수 없습니다.

(3) 히스기야

히스기야 왕은 병들어 죽게 되자 하나님을 찾습니다. 그의 죽음은
의사의 진단 결과가 아니라 하나님께서 이사야를 통해서 친히 알려주
신 것입니다. 의사가 죽는다고 진단을 내려도 살아날 가능성이 희박합
니다. 그런데 그의 죽음은 하나님의 진단을 받은 상황이기 때문에 그 누

구도 돌이킬 수 없는 일입니다.

그럼에도 불구하고 그는 벽을 향하고 다음과 같이 간구합니다.

"여호와여 구하오니 내가 진실과 전심으로 주 앞에 행하며 주의 보시기에 선하게 행한 것을 기억하옵소서"(왕하 20:3)

그 결과 히스기야 왕은 하나님의 은혜로 죽음의 고비를 넘기고 15년이나 더 삽니다(왕하 20:1-7).

반면에 아사 왕은 39년에 발에 병이 들지만 하나님을 찾지 않습니다. 아사는 하나님 대신에 의원만 찾다가 41년에 세상을 떠나고 맙니다(대하 16:12-14). 성경은 아사의 사인을 하나님께 구하지 않고, 의원만 찾았기 때문이라고 기록합니다.

"아사가 왕이 된 지 삼십구년에 그 발이 병들어 심히 중하나 병이 있을 때에 저가 여호와께 구하지 아니하고 의원들에게 구하였더라"(대하 16:12)

물론 병이 들었을 때 의사를 찾지 말라는 것은 아닙니다. 다만 하나님께 먼저 기도해야 한다는 것입니다. 하나님께서 은혜를 주시면 무엇을 먹든지 약이 될 것입니다. 그러나 하나님께서 은혜를 주시지 않는다면, 인삼녹용을 먹어도 부작용이 날 수 있습니다. 먼저 하나님의 은혜를 구해야 어떤 상황에서도 살아날 수 있습니다.

둘째, 하나님의 은혜를 입은 사람들은 점점 더 겸손해집니다.

바울은 다메섹 도상에서 예수님을 만난 후에 새로운 사람으로 거듭납니다. 바울의 삶은 하나님의 은혜를 받은 사람이 점점 더 겸손해지는 것을 보여줍니다.

원래 사울이라는 이름은 "큰 자"라는 뜻입니다. 그러나 예수님을 만난 후에 "작은 자"라는 뜻을 지닌 바울로 이름을 바꿉니다. 그는 삶의 과정 속에서 자기를 부르신 하나님의 은혜를 깨닫고 고백합니다.

그의 대표적인 고백을 살펴보면 그는 점점 더 작은 자로, 낮은 자로, 겸손한 자로 성숙해져 감을 찾아볼 수 있습니다.

(1) 고린도전서 15:8-10에 나오는 바울

"맨 나중에 만삭 되지 못하여 난 자 같은 내게도 보이셨느니라 나는 사도 중에 지극히 작은 자라 내가 하나님의 교회를 핍박하였으므로 사도라 칭함을 받기에 감당치 못할 자로라 그러나 나의 나 된 것은 하나님의 은혜로 된 것이니 내게 주신 그의 은혜가 헛되지 아니하여 내가 모든 사도보다 더 많이 수고하였으나 내가 아니요 오직 나와 함께하신 하나님의 은혜로라"(고전 15:8-10)

바울은 자신을 "맨 나중에 만삭되지 못하여 난 자"와 "사도 중에 지극히 작은 자"와 "사도라 칭함을 받기에 감당치 못할 자"로 고백합니다. 동시에 그가 모든 사도보다 더 많은 수고를 한 것도 하나님의 은혜라고 고백합니다. 드디어 그는 "사울"이란 이름을 버리고 "바울"이란 이름으로 개명한 것처럼, "큰 자"가 아니라 "작은 자"로 살아가는 겸손한 모습을 보여줍니다.

(2) 에베소서 3:7-9에 나오는 바울

에베소서 3:7-9을 살펴보면 바울은 자신을 감히 사도라 부르지 않습니다. 그는 자신을 "모든 성도 중에 지극히 작은 자보다 더 작은 나"라고 고백합니다. 그는 최상급과 비교급을 동시에 사용하여 자기를 최대한 낮추고 있습니다.

동시에 그는 자기와 같은 사람에게 하나님께서 은혜를 주신 까닭을 다음과 같이 고백합니다.

> "이 복음을 위하여 그의 능력이 역사하시는 대로 내게 주신 하나님의 은혜의 선물을 따라 내가 일군이 되었노라 모든 성도 중에 지극히 작은 자보다 더 작은 나에게 이 은혜를 주신 것은 측량할 수 없는 그리스도의 풍성을 이방인에게 전하게 하시고 영원부터 만물을 창조하신 하나님 속에 감취었던 비밀의 경륜이 어떠한 것을 드러내게 하려 하심이라"(엡 3:7-9)

바울은 하나님께서 세상에서 가장 작은 자에게 가장 크신 은혜를 베푸신 목적을 깨닫습니다. 즉 그는 이방인에게 복음을 전하는 것이 바로 자신의 사명이라고 고백합니다. 그의 겸손한 고백은 이방인의 사도로서 복음을 전할 수 있는 충분한 자격을 보여줍니다.

(3) 디모데전서 1:12-15에 나오는 바울

바울은 인생의 말년에 믿음의 아들 디모데에게 편지를 쓰면서 "죄인 중에 내가 괴수니라"고 고백합니다.

> "나를 능하게 하신 그리스도 예수 우리 주께 내가 감사함은 나

그는 세월이 흐르고 나이가 들면서 감히 자신을 사도나 성도라고 부르지 못합니다. 그는 자신이 죄인 중에 괴수임을 깨닫습니다. 또한 그는 과거의 자신을 "훼방자, 핍박자, 포행자"로 소개합니다. 그럼에도 불구하고 자신이 받은 하나님의 은혜가 얼마나 큰가를 고백합니다. 그는 "그리스도 예수께서 죄인을 구원하시려고 세상에 임하셨다"는 말을 제일 좋아합니다.

이와 같은 바울의 고백을 차례대로 정리해 보면 다음과 같습니다.

먼저 바울은 고린도전서 15:9에서 "사도 중에 지극히 작은 자"로 고백합니다. 그 후에 에베소서 3:8에서 "모든 성도 중에 지극히 작은 자보다 더 작은 자"로 고백합니다. 마침내 디모데전서 1:15에서 "죄인 중에 괴수"라고 고백합니다.

그는 세월이 흐르면서 "작은 자"를 의미하는 바울이란 이름처럼 더 작은 자로, 더 겸손한 자로 영적 성숙을 이루어갑니다.

세월이 흐를수록 점점 더 겸손해지는 바울의 삶은 하나님의 은혜를 받은 결과입니다. 바울은 흐르는 세월 앞에서 하나님의 은혜로 점점 겸손한 사람으로 변화됩니다.

범사에 때가 있는 것처럼 하나님의 은혜를 받는 것도 때가 있습니다.

사단은 우리를 유혹할 때에 "하지 말라"고 유혹하지 않습니다. 그 대신에 "내일부터 하라"고 유혹합니다. 하나님 앞에서 신앙적으로 결단해야 할 때는 바로 "지금부터, 여기서부터" 입니다.

다윗의 아들 압살롬이 반역을 일으키지만 성공하지 못합니다. 그 까닭은 오늘 밤에 다윗 진영을 공격해야 한다는 아히도벨의 모략을 듣지 않은 결과입니다(삼하 17:1-3). 압살롬 진영의 장수들은 내일 공격하자는 다윗의 친구 후새의 교란작전에 말려들어 결정적 시기를 놓치고 맙니다(삼하17:7-13). 그런데 압살롬이 지혜로운 아히도벨의 모략을 버리고, 후새의 모략에 기울어진 것은 한 마디로 하나님의 은혜를 받지 못한 결과입니다.

"압살롬과 온 이스라엘 사람들이 이르되 아렉 사람 후새의 모략은 아히도벨의 모략보다 낫다 하니 이는 여호와께서 압살롬에게 화를 내리려 하사 아히도벨의 좋은 모략을 파하기로 작정하셨음이더라"(삼하 17:14)

오늘 받아야 할 하나님의 은혜를 내일로 미루지 말아야 합니다. 사도 바울은 바로 지금이 하나님의 은혜를 받아야 할 때라고 선언합니다.

"우리가 하나님과 함께 일하는 자로서 너희를 권하노니 하나

특별히 하나님의 은혜 받는 일을 내일로 미루는 것은 어리석은 일입
니다. 내일은 우리의 날이 아니기 때문입니다. 그런 까닭에 히브리서 기
자는 다음과 같이 권면합니다.

3. 다윗처럼 사랑받는 사람

"그 후에 저희가 왕을 구하거늘 하나님이 베냐민 지파 사람 기스의 아들 사울을 사십 년간 주셨다가 폐하시고 다윗을 왕으로 세우시고 증거하여 가라사대 내가 이새의 아들 다윗을 만나니 내 마음에 합한 사람이라 내 뜻을 다 이루게 하리라 하시더니 하나님이 약속하신 대로 이 사람의 씨에서 이스라엘을 위하여 구주를 세우셨으니 곧 예수라"(행 13:21-22)

예레미야 선지자는 "만물보다 거짓 되고 심히 부패한 것은 마음이라 누가 능히 이를 알리요마는 나 여호와는 심장을 살피며 폐부를 시험하고 각각 그 행위와 그 행실대로 보응하나니" (렘 17:9-10)라고 외칩니다. 즉 세상에는 믿고 의지할 만한 사람이 결코 없습니다.

그런데 하나님께서 다윗을 "내 마음에 합한 사람"으로 인정하십니다. 하나님께서 다윗을 사랑하신 까닭은 그의 마음이 하나님을 감동시켰기 때문입니다.

하나님을 감동시킨 다윗의 마음처럼 우리의 마음이 변화된다면 하나님의 사랑을 회복할 수 있을 것입니다.

사무엘상 16장을 보면 하나님께서 사무엘을 이새의 집으로 보내십니다. 이새의 아들 가운데 한 사람에게 기름을 부으라는 명령을 받은 사무엘은 이새의 장자 엘리압의 출중한 외모와 신장을 보고 "여호와의 기름 부으실 자가 과연 그 앞에 있도다"(삼상 16:6)라고 생각합니다.

그러나 하나님께서 사무엘에게 경고하십니다. 하나님께서 보시는 것은 사람의 외모가 아니라 사람의 마음이라고 갈씀하십니다.

> "그 용모와 신장을 보지 말라 내가 이미 그를 버렸노라 나의 보는 것은 사람과 같지 아니하니 사람은 외모를 보거니와 나 여호와는 중심을 보느니라"(삼상 16:7)

다윗은 그 모든 원수와 사울의 손에서 구원받은 날에 하나님께 사랑을 고백합니다.

> "나의 힘이 되신 여호와여 내가 주를 사랑하나이다 여호와는 나의 반석이시요 나의 요새시요 나를 건지시는 자시요 나의 하나님이시요 나의 피할 바위시요 나의 방패시요 나의 구원의 뿔이시요 나의 산성이시로다 내가 찬송 받으실 여호와께 아뢰리니 내 원수들에게서 구원을 얻으리로다"(시 18:1-3)

하나님께서 다윗의 마음을 보시고, "내 마음에 합한 사람"이라고 부르십니다. 다윗은 거기에 화답하듯이 "내가 주를 사랑하나이다"라고 마음으로 고백합니다. 그리고 "여호와는 나의 목자시니 내가 부족함이 없으리로다"(시 23:1)라고 노래합니다. 이와 같이 다윗의 마음속에 있는 그 사랑이 하나님을 감동시킵니다.

사무엘하 7장을 보면 다윗이 얼마나 성전을 짓고 싶어 했는지 그의 간절한 마음을 알 수 있습니다. 하나님께서 다윗의 그 마음을 보시고 복을 주십니다. 다윗은 하나님의 은혜로 사방의 모든 대적을 물리친 후에 왕궁에 평안히 거합니다. 그러나 다윗은 하나님의 법궤가 천막 가운데 있다는 사실이 몹시 마음에 걸려서 선지자 나단을 부릅니다.

다윗은 "나는 백향목 궁에 거하거늘 하나님의 궤는 휘장 가운데 있도다"(삼하7:2)라고 안타까워 합니다. 하나님께서 그러한 다윗의 마음에 감동하시고, 나단을 통하여 엄청난 복을 약속하십니다. 먼저 하나님께서 다윗 당대에 주실 복을 약속하십니다.

> "만군의 여호와께서 이처럼 말씀하시기를 내가 너를 목장 곧 양을 따르는 데서 취하여 내 백성 이스라엘의 주권자를 삼고 네가 어디를 가든지 내가 너와 함께 있어 네 모든 대적을 네 앞에서 멸하였은즉 세상에서 존귀한 자의 이름같이 네 이름을 존귀케 만들어 주리라"(삼하 7:8-9)

또한 사사시대와 달리 다윗의 모든 대적을 막아주시고, 평안케 하실 것을 약속하십니다(삼하 7:10-11). 뿐만 아니라 "여호와가 너를 위하여 집을 이루고"(삼하 7:11)라는 약속을 주십니다. 즉 다윗의 왕조를 세우실 것을 약속합니다. 또한 다윗의 사후에도 그 자손들이 왕위를 계승하여 그 나라가 견고할 것을 약속하십니다(삼하 7:12). 특별히 다윗의 아들 솔로몬이 성전을 건축할 것을 약속합니다.

> "저는 내 이름을 위하여 집을 건축할 것이요 나는 그 나라 위를 영원히 견고케 하리라 나는 그 아비가 되고 그는 내 아들이

 101퍼센트의 **사랑**

그 후에 선지자 나단은 다윗에게 "네 집과 네 나라가 내 앞에서 영원히 보전되고 네 위가 영원히 견고하리라"(삼하 7:16)는 하나님의 약속을 전달합니다.

다윗은 성전을 건축한 후에 이와 같은 복을 받은 것이 아닙니다. 다윗이 성전을 건축하고 싶은 마음을 먹자 하나님께서 감동하시고 복을 주십니다. 또한 하나님께서 다윗에게 마음먹은 것처럼 성전건축을 준비하도록 은혜를 베푸십니다.

사무엘하 8장은 "이후에"(삼하 8:1)라는 말로 인과관계를 설명합니다. 즉 다윗이 사무엘하 7장에서 성전건축을 소원한 후에 "… 다윗이 어디를 가든지 여호와께서 이기게 하시니라"(삼하 8:6)고 이야기합니다. 성경은 재차 반복하여 "… 다윗이 어디를 가든지 여호와께서 이기게 하셨더라"(삼하 8:14)고 이야기합니다.

즉 하나님께서 다윗을 전쟁에서 이기게 하시고, 다윗은 그 모든 전리품들을 모아서 성전건축을 준비합니다. 성전건축을 위한 모든 준비를 마친 후 다윗은 하나님 앞에 다음과 같이 고백합니다.

손에 권세와 능력이 있사오니 모든 자를 크게 하심과 강하게
하심이 주의 손에 있나이다 우리 하나님이여 이제 우리가 주
께 감사하오며 주의 영화로운 이름을 찬양하나이다 나와 나의
백성이 무엇이관대 이처럼 즐거운 마음으로 드릴 힘이 있었나
이까 모든 것이 주께로 말미암았사오니 우리가 주의 손에서 받
은 것으로 주께 드렸을 뿐이니이다"(대상 29:11-14)

이 모든 일은 다윗이 하나님을 얼마나 사랑하는가를 보여줍니다. 동시에 하나님께서 다윗을 얼마나 사랑하시는가를 보여줍니다. 다윗이 사람 앞에도 사랑을 받도록 하나님께서 은혜를 베푸십니다.

"온 이스라엘과 유다는 다윗을 사랑하였으니 그가 자기들 앞
에 출입함을 인함이었더라"(삼상 18:16)

솔로몬의 잠언은 "인자와 진리로 네게서 떠나지 않게 하고 그것을 네 목에 매며 네 마음판에 새기라 그리하면 네가 하나님과 사람 앞에서 은총과 귀중히 여김을 받으리라"(잠 3:3-4)고 교훈합니다. 다윗은 하나님을 사랑함으로 하나님과 사람 앞에 은총과 귀중히 여김을 받습니다.

둘째, 회개하는 다윗의 마음이 하나님을 감동시킵니다.

털면 먼지가 나지 않은 사람이 없다는 말처럼 다윗도 흠이 많은 사람입니다. 다윗은 평생에 두 가지 커다란 실수를 저지릅니다. 하나는 밧세바 사건이고, 다른 하나는 인구조사 사건입니다.

그러나 다윗은 하나님 앞에 자신의 죄를 인정하고 회개합니다. 하나님께서 다윗을 기뻐하시는 까닭은 다윗의 회개하는 마음 때문입니다.

아담 이후 다윗까지 자신의 죄를 다른 사람 탓으로 돌리지 않고 회개한 사람은 거의 없습니다. 그러나 다윗은 하나님 앞에 자신의 죄를 솔직하게 인정한 사람입니다.

하나님께서는 이렇게 자신의 죄를 인정하고 회개하는 다윗의 마음을 보시고 감동하십니다.

사도 요한은 "만일 우리가 범죄하지 아니하였다 하면 하나님을 거짓말 하는 자로 만드는 것이니 또한 그의 말씀이 우리 속에 있지 아니하니라"(요일 1:10)고 교훈합니다.

다윗은 그 마음이 정직한 사람입니다. 바로 그것 때문에 다윗은 하나님의 마음에 합한 사람으로 인정받습니다.

(1) 밧세바 사건

하나님께서 선지자 나단을 통하여 다윗을 책망하십니다. 그 때에 다윗은 자신의 죄를 인정하고 하나님 앞에 회개합니다.

다윗이 일주일 동안 회개하지만, 하나님께서는 밧세바가 낳은 첫 아이를 죽이십니다. 그러나 하나님께서 회개하는 다윗을 용서하시고, 또 다른 아들 솔로몬을 주십니다. 이것은 하나님께서 회개하는 다윗의 마음을 기쁘게 받으신 증거입니다. 또한 하나님께서 솔로몬을 통하여 다윗의 소원대로 성전을 건축하도록 은혜를 베푸십니다.

"다윗이 그 처 밧세바를 위로하고 저에게 들어가 동침하였더니 저가 아들을 낳으매 그 이름을 솔로몬이라 하니라 여호와께서 그를 사랑하사 선지자 나단을 보내사 그 이름을 여디디

(2) 인구조사 사건

하나님께서 선지자 갓을 보내셔서 다윗의 죄를 지적합니다. 그 때에
다윗은 또 다시 하나님 앞에 회개하고, 하나님의 긍휼을 구합니다.

"내가 곤경에 있도다 여호와께서는 긍휼이 크시니 우리가 여
호와의 손에 빠지고 내가 사람의 손에 빠지지 않기를 원하노
라"(삼하 24:14)

다윗은 하나님의 징계를 받기로 다짐하고 3일 동안의 온역을 선택
합니다. 그는 온역이 지나가자 선지자 갓의 지시에 따라서 오르난의 타
작마당에서 제사를 드립니다. 하나님께서 다윗의 회개하는 마음을 인
정하십니다. 그 결과 다윗이 제단을 쌓은 바로 그 자리가 솔로몬의 성
전부지로 결정됩니다.

"솔로몬이 예루살렘 모리아 산에 여호와의 전 건축하기를 시
작하니 그곳은 전에 여호와께서 그 아비 다윗에게 나타나신 곳
이요 여부스 사람 오르난의 타작 마당에 다윗이 정한 곳이라"
(대하 3:1)

놀랍게도 다윗의 회개를 인정하신 하나님께서 성전을 건축할 아들
솔로몬과 더불어 성전을 건축할 부지까지 결정해 주십니다.

창세기 기자는 노아의 대홍수가 시작한 배경을 다음과 같이 묘사합니다.

> "사람이 땅 위에 번성하기 시작할 때에 그들에게서 딸들이 나니 하나님의 아들들이 사람의 딸들의 아름다움을 보고 자기들의 좋아하는 모든 자로 아내를 삼는지라"(창 6:1-2)

대홍수의 원인은 셋 계통의 믿음의 아들들이 믿음이 없는 배우자를 선택한 결과라고 할 수 있습니다. 그들은 가인 계통의 딸들의 외모를 보고 아내를 삼습니다. 즉 그들은 중심을 보시는 하나님의 관점이 아니라 외모를 보는 사람의 관점으로 선택합니다. 그 결과 세상은 죄악으로 물들고, 더 이상 하나님께서 관용할 수 없을 지경에 이릅니다.

모든 문제를 근본적으로 해결하려면 사람의 관점에서 하나님의 관점으로 전환해야 합니다.

하나님의 사람 모세도 공정한 재판을 위하여 사람의 외모를 보지 말고 모든 사람을 동등하게 대하라고 명령합니다.

> "재판은 하나님께 속한 것인즉 너희는 재판에 외모를 보지 말고 귀천을 일반으로 듣고 사람의 낯을 두려워 말 것이며 스스로 결단하기 어려운 일이거든 내게로 돌리라 내가 들으리라"
> (신 1:17)

또한 모세는 재판장들에게 "너는 굽게 판단하지 말며 사람을 외모로 보지 말며 또 뇌물을 받지 말라 뇌물은 지혜자의 눈을 어둡게 하고 의인의 말을 굽게 하느니라”(신 16:19)고 경고합니다.

　예수님께서도 당시의 사람들에게 “외모로 판단하지 말고 공의의 판단으로 판단하라”(요 7:24)고 교훈하십니다. 뿐만 아니라 예수님 당시의 사람들은 주님을 사람의 외모를 보지 않는 분으로 인정합니다. 즉 예수님께서는 사람을 외모로 판단하지 말라고 교훈하실 뿐만 아니라 그 교훈을 몸소 실천하신 분이십니다.

　　“선생님이여 우리가 아노니 당신은 바로 말씀하시고 가르치시며 사람을 외모로 취치 아니하시고 오직 참으로서 하나님의 도를 가르치시나이다”(눅 20:21)

　사도행전 10장을 보면, 사도 베드로는 자신의 관점을 전환함으로써 이방선교의 문을 엽니다. 베드로는 고넬료의 집에 심방하여 이방인에 대한 자신의 관점이 잘못된 것임을 깨닫습니다. 즉 그는 하나님의 관점을 깨닫습니다.

　　“내가 참으로 하나님은 사람의 외모를 취하지 아니하시고 각 나라 중 하나님을 경외하며 의를 행하는 사람은 하나님이 받으시는 줄 깨달았도다”(행 10:34-35)

　베드로는 그의 말년에 베드로전후서라는 편지를 씁니다. 그는 우리에게 사람의 외모를 보지 말고, 하나님의 자녀답게 살라고 부탁합니다.

　　“외모로 보시지 않고 각 사람의 행위대로 판단하시는 자를 너희가 아버지라 부른즉 너희의 나그네로 있을 때를 두려움으로 지내라”(벧전 1:17)

　또한 베드로는 아내들에게도 외모의 단장보다 속사람을 꾸미라고

 101퍼센트의 사람

권면합니다.

베드로처럼 관점의 전환이 이루어지면, 오늘날에도 진정한 선교가 가능합니다. 그 길은 사람의 관점을 버리고, 하나님의 관점을 회복하는 것입니다. 모든 족속에게 복음을 전하려면, 사람의 외모를 보지 않고 중심을 보는 하나님의 관점을 회복해야 합니다. 만약 우리가 잘못된 선입견을 버린다면, 마침내 모든 족속을 향한 선교가 가능할 것입니다.

야고보는 예루살렘 초대교회 안내위원들에게 더 이상 사람의 외모를 보지 말라고 부탁합니다. 또한 야고보는 다음과 같이 엄중하게 경고합니다. 성숙한 그리스도인이라면, 외모를 보지 않는 하나님의 관점을 지녀야 마땅합니다.

이상에서 살펴본 모세와 예수님, 베드로와 야고보의 이야기는 하나님의 마음에 합당한 사람이 되라고 교훈합니다. 사람의 관점을 하나님의 관점으로 전환한다면 대부분의 문제를 보다 쉽게 해결할 수 있습니다.

"여호와께서 아브람에게 이르시되 너는 너의 본토 친척 아비 집을 떠나 내가 네게 지시할 땅으로 가라 내가 너로 큰 민족을 이루고 네게 복을 주어 네 이름을 창대케 하리니 너는 복의 근원이 될지라 너를 축복하는 자에게는 내가 복을 내리고 너를 저주하는 자에게는 내가 저주하리니 땅의 모든 족속이 너를 인하여 복을 얻을 것이니라 하신지라"(창 12:1-3)

성경 전체의 서론격인 태고역사가 끝나고, 아브라함 이야기로 성경의 본론을 시작합니다.

본문은 하나님께서 믿음의 조상 아브라함을 75세에 선택하여 부르시고 복의 근원으로 삼으신 장면입니다. 하나님께서 아브라함을 가리켜서 "나의 벗 아브라함"(사 41:8)이라고 부릅니다. 창세기 12장 이후의 이야기는 하나님께서 아브라함과 그 자손을 사랑하시는 이야기입니다.

첫째, 복의 근원인 믿음의 조상 아브라함의 자손은 누구입니까?

진정한 복의 근원인 아브라함의 자손은 믿음의 계보를 물려받은 언약의 상속자입니다. 구약시대에는 가지치기, 신약시대에는 접붙이기의 방법을 통하여 아브라함의 자손을 구별하십니다.

먼저 이스마엘이란 가지를 치시고 이삭을 남깁니다. 그 후에 에서란 가지를 치시고 야곱을 남기십니다. 야곱의 열두 아들 가운데 유다를 남기시고, 마침내 유다의 자손으로 예수님께서 오십니다. 구약에서 최후의 남은 자는 바로 예수님이십니다.

그 후에 예수 그리스도를 믿는 자는 누구든지 접붙임을 받아 하나님의 자녀가 되는 권세를 얻고, 아브라함의 자손이라 일컬음을 받습니다. 사도 바울은 가지치기와 접붙이기의 결론을 다음과 같이 내립니다.

> "이 비밀은 이방인의 충만한 수가 들어오기까지 이스라엘의 더러는 완악하게 된 것이라 그리하여 온 이스라엘이 구원을 얻으리라"(롬 11:25-26)

예수님께서 삭개오에게 "오늘 구원이 이 집에 이르렀으니 이 사람도 아브라함의 자손임이로다"(눅 19:9)라고 선언합니다. 그러자 삭개오는 누구의 것을 토색한 일이 있으면 4배로 갚겠다고 고백합니다. 누구든지 삭개오처럼 믿음으로 회개하면 구원을 받고, 믿음의 조상 아브라함의 자손이 됩니다.

사도 바울은 "그런즉 믿음으로 말미암은 자들은 아브라함의 아들인 줄 알지어다"(갈 3:7)라고 선언합니다.

그런데 하나님께서 아브라함에게 "땅의 모든 족속이 너를 인하여 복을 얻을 것이니라"(창 12:3)고 약속하십니다. 또한 사도 바울은 "그러므로 믿음으로 말미암은 자는 믿음이 있는 아브라함과 함께 복을 받느니라"(갈 3:9)고 담대하게 선언합니다.

따라서 누구든지 그리스도 예수 안에서 하나님의 아들이 되면, 아브라함의 자손이고 언약의 상속자입니다.

사도 요한은 "영접하는 자 곧 그 이름을 믿는 자들에게는 하나님의 자녀가 되는 권세를 주셨으니 이는 혈통으로나 육정으로나 사람의 뜻으로 나지 아니하고 오직 하나님께로서 난 자들이니라"(요 1:12-13)고 선언합니다.

사도 바울도 "저에게 의로 여기셨다 기록된 것은 아브라함만 위한 것이 아니요 의로 여기심을 받을 우리도 위함이니 곧 예수 우리 주를 죽은 자 가운데서 살리신 이를 믿는 자니라"(롬 4:23-24)고 이야기합니다.

누구든지 예수 그리스도를 믿음으로 구원받은 성도들은 하나님의 자녀입니다. 동시에 "복의 근원"인 믿음의 조상 아브라함의 계보를 물려받은 언약의 상속자입니다.

즉 예수 그리스도를 믿는 자는 누구든지 하나님의 자녀일 뿐만 아니라 복의 근원인 아브라함의 상속자가 됩니다. 따라서 하나님의 자녀들은 누구든지 복의 근원인 아브라함과 함께 복을 받습니다.

둘째, "복의 근원"은 무엇입니까?

복의 근원은 히브리어로 "베라카"(berakah)인데, 그 뜻은 "복 그 자체"(blessing)입니다. 즉 다른 사람에게 복이 되는 사람 또는 복의 통로가 되는 사람입니다. 쉽게 말하자면 다른 사람의 덕을 보는 사람이 아니라 나 때문에 다른 사람이 복을 받도록 만드는 사람입니다.

좋은 나라, 좋은 동네, 좋은 학교, 좋은 회사가 따로 있는 것이 아닙니다. 복의 근원인 내 자신이 어디에 살든지 내가 살면 좋은 나라가 되고, 좋은 동네가 됩니다. 복의 근원인 내가 멤버가 되면 좋은 학교가 되고, 좋은 회사가 됩니다.

애굽은 3,500년 전에 이스라엘이 거주할 때에 세계의 최강국이었습니다. 그러나 애굽은 이스라엘의 출애굽 이후에 점점 국운이 기울다가 현재는 아랍권에서도 별 볼일 없는 나라가 되었습니다.

이집트의 수도 카이로는 "세계의 쓰레기통"이라 불릴 정도로 중고차만 넘쳐 납니다. 카이로의 박물관에 전시된 고대 유물과 길가에서 파는 액세서리의 수준이 비슷할 정도입니다.

그러나 로마제국은 기독교를 국교로 공인한 이후에 중세 천년을 지배합니다. 현재도 미국을 비롯하여 대부분 기독교를 받아들인 국가들이 선진국입니다. 우리나라가 이만큼 잘 사는 것도 애국가 가사처럼 하나님이 보우하시기 때문입니다.

따라서 하나님의 자녀의 권세를 얻은 성도들은 복의 근원인 아브라함의 자손이란 긍지를 지녀야 합니다. 더 이상 사람을 찾아다니면서 손을 벌리는 사람이 되지 말아야 합니다. 어디를 가든지, 누구를 만나든지, 무슨 계획을 세우고 무슨 경영을 하든지 복의 근원으로 살아야 합니다.

믿음의 조상 아브라함의 자손인 이삭과 야곱과 요셉 이야기와 지혜의 왕 솔로몬이 복 받은 이야기를 살펴봅시다.

(1) 이삭

"이삭이 그 땅에서 농사하여 그 해에 백배나 얻었고 여호와께서 복을 주시므로 그 사람이 창대하고 왕성하여 마침내 거부가 되어 양과 소가 떼를 이루고 노복이 심히 많으므로 블레셋 사람이 그를 시기하여 그 아비 아브라함 때에 그 아비의 종들이 판 모든 우물을 막고 흙으로 메웠더라"(창 26:12-15)

아브라함의 직업은 목축업이지만 이삭의 직업은 농업입니다. 요즈음 식으로 말하자면 이삭은 부친의 가업을 물려받지 않고 벤처사업을 한 것입니다.

이삭은 자신이 거주하는 바로 그 땅에서 농사를 지어 그 해에 백배나 수확을 얻습니다. 그 땅은 롯이 선택한 소돔과 고모라, 또는 애굽 땅처럼 물이 넉넉한 장소가 아닙니다. 또한 농사를 지어 백배의 수확을 낸다는 것은 오늘날 신종 볍씨를 개발한다고 해도 어려운 일입니다.

그런데 이삭이 거부가 되었습니다. 이것은 전적으로 하나님께서 복을 주셨기 때문입니다. 블레셋 사람들은 백번을 파도 우물물이 나오지 않지만, 이삭은 우물을 파기만 하면 물이 솟아나옵니다. 상황이 이 정도라면, 블레셋 사람들이 이삭을 시기한 것도 당연한 일입니다.

그런데 블레셋 사람들이 시기할 때마다 이삭은 그 우물을 넘겨주고 새로운 우물을 팝니다. 이삭이 새로운 우물을 팔 때마다 하나님께서 이삭에게 복을 주십니다.

이와 같이 하나님께서 이삭이 무엇을 하든지 복을 주셨고 백배의 수확을 얻게 하셨습니다.

이삭처럼 복의 근원인 아브라함의 자손이 된 모든 성도들은 항상 두 가지 준비를 해야 합니다. 첫째로 백배나 복 받을 준비를 해야 합니다. 둘째는 주변의 시기를 받을 준비를 해야 합니다. 이 때 이삭처럼 복 받은 사람답게 블레셋 사람들과 같은 주변의 시기를 너그럽게 넘어갈 줄 알아야 합니다. 그래야 더 큰 복을 받습니다.

(2) 야곱

야곱은 라헬과 결혼하기 위해 결혼 지참금 대신에 7년 동안 종살이를 합니다. 그러나 라반은 결혼 첫날밤에 신부를 레아로 바꿔치기를 합니다. 야곱이 라반에게 항의하자 라헬을 줄터이니 또 다시 7년을 봉사하라고 요구합니다.

결국 야곱은 밧단 아람에서 20년을 사는 동안에 14년 동안 라반에게 무보수로 봉사를 합니다. 그러나 야곱은 마지막 6년 동안 품삯을 열 번이나 변경시킨 라반의 계책에도 불구하고 수많은 재물을 얻습니다.

그런데 실상을 살펴보면 라반 때문에 야곱이 거부가 된 것이 아니라 야곱 때문에 라반이 거부가 된 것입니다.

라반은 귀향하려는 야곱을 붙잡고 "여호와께서 너로 인하여 내게 복 주신 줄을 내가 깨달았노니 네가 나를 사랑스럽게 여기거든 유하라"
(창 30:27)고 회유합니다. 그 후에 라반과 야곱이 품삯을 정하자 하나
님께서 야곱에게 복을 주십니다.

그러나 야곱을 시기한 라반의 아들들은 "야곱이 우리 아버지의 소
유를 다 빼앗고 우리 아버지의 소유로 인하여 이같이 거부가 되었다"
(창 31:1)고 말합니다. 또한 라반의 안색도 전과 같지 않습니다.

마침내 야곱은 아내들과 자녀들과 의논한 후에 밤중에 도주하듯이
라반을 떠납니다. 삼일 후에 그 소식을 들은 라반은 야곱을 추격합니다.

그런데 그 밤에 하나님께서 라반에게 "너는 삼가 야곱에게 선악간
말하지 말라"(창 31:24)고 현몽하십니다. 야곱을 추격한 라반은 "딸들
은 내 딸이요 자식들은 내 자식이요 양떼는 나의 양떼요 네가 보는 것
은 다 내 것이라 내가 오늘날 내 딸들과 그 낳은 자식들에게 어찌할 수
있으랴"(창 31:43)고 한탄합니다.

그러나 야곱은 라반을 향하여 담대하게 큰소리를 칩니다.

"내가 외삼촌의 집에 거한 이 이십 년에 외삼촌의 두 딸을 위
하여 십사 년, 외삼촌의 양떼를 위하여 육 년을 외삼촌을 봉사
하였거니와 외삼촌께서 내 품값을 열 번이나 변역하셨으니 우
리 아버지의 하나님, 아브라함의 하나님 곧 이삭의 경외하는
이가 나와 함께 계시지 아니하셨더면 외삼촌께서 이제 나를 공
수로 돌려보내셨으리이다마는 하나님이 나의 고난과 내 손의
수고를 감찰하시고 어제밤에 외삼촌을 책망하셨나이다"(창
31:41-42)

 101퍼센트의 사랑

하나님께서 복의 근원인 야곱에게 라반의 것을 빼앗아서 주십니다. 마찬가지로 하나님의 사랑을 받은 성도들은 야곱처럼 내가 누릴 복을 확신해야 합니다. 하나님께서 빼앗아서라도 반드시 복을 주실 것이기 때문입니다.

세상의 관점에서 볼 때에 복 받을 것 같은 사람이 복을 받지 않습니다. 결국 복 받는 사람은 하나님께서 복 주시는 사람뿐입니다.

(3) 요셉

요셉은 17세에 애굽에 팔려갑니다. 그는 바로의 신하 시위대장 애굽 사람 보디발의 집에서 종살이를 시작합니다. 그러나 결코 요셉이 보디발의 덕을 본 것이 아닙니다. 오히려 보디발이 요셉 때문에 다음과 같이 복을 받습니다.

"여호와께서 요셉과 함께하시므로 그가 형통한 자가 되어 그 주인 애굽 사람의 집에 있으니 그 주인이 여호와께서 그와 함께하심을 보며 또 여호와께서 그의 범사에 형통케 하심을 보았더라 요셉이 그 주인에게 은혜를 입어 섬기매 그가 요셉으로 가정 총무를 삼고 자기 소유를 다 그 손에 위임하니 그가 요셉에게 자기 집과 그 모든 소유물을 주관하게 한 때부터 여호와께서 요셉을 위하여 그 애굽 사람의 집에 복을 내리시므로 여호와의 복이 그의 집과 밭에 있는 모든 소유에 미친지라"(창 39:2-5)

그런데 하루는 보디발의 아내가 요셉을 유혹합니다. 요셉은 그 유혹을 뿌리침으로 누명을 쓰고 억울한 감옥살이를 시작합니다. 그러자 이번에는 요셉 때문에 감옥 안에서 복 받는 일들이 생깁니다.

> "여호와께서 요셉과 함께하시고 그에게 인자를 더하사 전옥에게 은혜를 받게 하시매 전옥이 옥중 죄수를 다 요셉의 손에 맡기므로 그 제반 사무를 요셉이 처리하고 전옥은 그의 손에 맡긴 것을 무엇이든지 돌아보지 아니하였으니 이는 여호와께서 요셉과 함께하심이라 여호와께서 그의 범사에 형통케 하셨더라"(창 39:21-23)

요셉의 해몽대로 복직된 술맡은 관원장의 추천으로 요셉은 바로의 부름을 받고 그의 꿈을 해몽해 줍니다. 그리고 애굽을 치리하는 애굽의 총리가 됩니다.

복의 근원인 요셉이 어디를 가든지 하나님께서 그와 함께 하십니다. 따라서 성도들은 어떤 환경에 처하든지 하나님께서 함께 하시는 복의 근원답게 정직하고 당당하게 살아야 합니다.

하나님께서 사랑하시는 아브라함, 이삭, 야곱, 요셉의 삶은 부친의 유산과 가업을 물려받은 삶이 결코 아닙니다. 하나님께서 복을 주심으로 주변의 시기를 받을 정도로 넘치는 복을 받았습니다.

우리의 자녀들이 아브라함, 이삭, 야곱, 요셉처럼 대대로 믿음을 계승한다면 하나님께서 변함없이 복을 주실 것입니다.

어떤 사람들은 요셉의 인생이 사람을 잘 만나서 복을 받은 것으로 해석합니다. 즉 보디발을 만나고, 마음씨 좋은 간수장을 만나고, 감옥에서 술 맡은 관원장을 만나고, 마침내 애굽의 총리가 된 것처럼 해석

 101퍼센트의 사람

합니다.

그러나 우리가 하나님을 감동시킬 때에 하나님께서 은혜를 베푸신다는 것을 기억하십시오. 우리에게 사람이 필요하면 사람을 만나게 하십니다. 물질이 필요하면 물질도 주십니다. 지위가 필요하면 지위도 주십니다.

하나님께서 주시는 복을 받으려면 삶의 초점을 하나님께 집중해야 합니다.

(4) 솔로몬

솔로몬은 왕이 된 후에 기브온에서 하나님께 일천번제를 드립니다. 하나님께서 솔로몬에게 감동을 받으시고, "내가 네게 무엇을 줄꼬 너는 구하라"(왕상 3:5)고 말씀하십니다.

그 때에 솔로몬은 하나님께 지혜를 구합니다. 그것이 하나님을 더욱 더 감동시킵니다. 하나님께서 그러한 솔로몬을 사랑하시고, 전무후무한 지혜와 부귀영화를 주십니다. 그를 복의 근원으로 삼으십니다. 솔로몬의 시대를 평화의 시대로 만들어 주십니다.

> "솔로몬의 사는 동안에 유다와 이스라엘이 단에서부터 브엘세바에 이르기까지 각기 포도나무 아래와 무화과나무 아래서 안연히 살았더라"(왕상 4:25)

솔로몬의 지혜와 부귀영화에 대한 소문을 듣고 스바 여왕이 찾아옵니다. 그녀는 모든 것을 눈으로 확인한 후에 하나님을 송축합니다. 그녀는 모든 것이 솔로몬을 사랑하신 하나님 때문이란 사실을 깨닫습니다.

따라서 그녀는 솔로몬을 찬양하는 대신에 하나님께 영광을 돌립니다.

"당신의 하나님 여호와를 송축할지로다 여호와께서 당신을 기뻐하사 이스라엘 위에 올리셨고 여호와께서 영영히 이스라엘을 사랑하시므로 당신을 세워 왕을 삼아 공과 의를 행하게 하셨도다"(왕상 10:9)

두로 왕 후람은 솔로몬으로부터 성전건축의 지원을 요청받습니다. 그는 "여호와께서 그 백성을 사랑하시므로 당신을 세워 그 왕을 삼으셨도다"(대하 2:11)라는 답장을 보냅니다. 이와 같이 스바 여왕과 두로 왕 후람은 하나님께서 솔로몬과 그 백성을 사랑하신다는 사실을 깨닫습니다.

그러나 하나님께서 진정으로 원하시는 것은 솔로몬과 이스라엘 백성이 하나님의 사랑을 깨닫는 것입니다. 이방의 왕들도 깨달은 그 사실을 솔로몬과 이스라엘 백성들이 모른다면 얼마나 불행한 일입니까?

그럼에도 불구하고 참으로 안타까운 것은 모든 사람이 알고 있는 그 사실을 내 자신만 모르는 사람이 있다는 것입니다. 모든 성도들은 "하나님께서 나를 사랑하십니다!" 라는 확신을 가져야 합니다. "복의 근원"으로 부르심을 받은 아브라함의 자손답게 모든 사람에게 복의 통로가 되어야 합니다. 솔로몬처럼 복의 근원이 되어 모든 사람이 나 때문에 태평성대를 누리도록 만들어야 합니다. 이것이 바로 하나님께서 아브라함을 "복의 근원"으로 부르신 목적입니다.

 101퍼센트의 사랑

5. 출애굽에 나타난 하나님의 사랑

"여호와께서 네 열조를 사랑하신 고로 그 후손 너를 택하시고 큰 권능으로 친히 인도하여 애굽에서 나오게 하시며 너보다 강대한 열국을 네 앞에서 쫓아내고 너를 그들의 땅으로 인도하여 들여서 그것을 네게 기업으로 주려 하심이 오늘날과 같으니라"(신 4:37-38)

성경에 나오는 하나님의 가장 위대한 두 가지 사역은 창조와 구원입니다. 또한 창조와 구원은 하나님께서 사람을 사랑하시는 가장 강력한 증거입니다.

천지창조란 하나님께서 사람에게 주신 최대의 선물입니다. 하나님의 형상으로 만드신 사람은 창조의 꽃봉오리입니다. 그러나 사람이 하나님의 명령을 어기고 선악과를 따먹음으로 에덴동산의 행복을 누리지 못합니다. 그럼에도 불구하고 하나님께서 사람을 사랑하셔서 구원의 은혜를 베푸십니다.

첫째, 대표적 구원사역은 출애굽, 바벨론 포로귀환, 십자가 사건입니다.

하나님의 구원사역을 대표하는 세 가지 사건이 있습니다. 그것은 출애굽 사건, 바벨론 포로귀환, 예수님의 십자가입니다.

이사야는 바벨론 포로귀환을 예언하면서 두 번째 출애굽이라 부릅니다.

"그날에 주께서 다시 손을 펴사 그 남은 백성을 앗수르와 애굽과 바드로스와 구스와 엘람과 시날과 하맛과 바다 섬들에서 돌아오게 하실 것이라"(사 11:11)

여기서 "다시"라는 히브리어 "쉐니트"는 두 번째(the second time)를 의미합니다.

예수님께서 변화산에서 모세와 엘리야와 더불어 삼자회담을 하실 때에 논의의 주제가 "별세"입니다. 누가는 "문득 두 사람이 예수와 함께 말하니 이는 모세와 엘리야라 영광중에 나타나서 장차 예수께서 예루살렘에서 별세하실 것을 말씀할새"(눅 9:30-31)라고 기록합니다.

여기서 "별세"란 헬라어 "텐 엑소돈(ten eksodon)"은 "그 출애굽"(the exodus, the departure)이란 뜻입니다. 변화산의 삼자회담은 예수님께서 출애굽의 주인공 모세와 두 번째 출애굽을 예언한 선지자들의 대표자 엘리야와 더불어 예수님의 출애굽, 즉 십자가 사건에 대하여 말씀하신 것입니다.

또한 세 가지 사건은 성전건축과 긴밀하게 연결되어 있습니다. 출애굽 50일째 날에 모세는 시내산에 도착하여 십계명과 율례와 법도를 받습니다. 하나님께서 모세에게 성막을 만들고, 지성소 중앙에 법궤를 놓고, 법궤 안에 십계명의 돌비를 보관하라고 명하십니다. 모세가 성막을

 101퍼센트의 사랑

세운 후에 구름기둥과 불기둥이 성막 위에 머무릅니다(출 40:34-38). 이것은 출애굽한 이스라엘 백성들에게 성막 중심의 삶을 살라는 하나님의 명령입니다.

바벨론 포로귀환 때에도 하나님께서 바사 왕 고레스의 칙령을 통해 성전건축을 명령하십니다.

> "바사 왕 고레스 원년에 여호와께서 예레미야의 입으로 하신 말씀을 응하게 하시려고 바사 왕 고레스의 마음을 감동시키시매 저가 온 나라에 공포도 하고 조서도 내려 가로되 바사 왕 고레스는 말하노니 하늘의 신 여호와께서 세상 만국으로 내게 주셨고 나를 명하여 유다 예루살렘에 전을 건축하라 하셨나니 너희 중에 무릇 그 백성 된 자는 다 올라갈지어다 너희 하나님 여호와께서 함께하시기를 원하노라 하였더라"(대하 36:22-23; 스 1:1-3)

그 후에 고레스는 "무릇 그 남아 있는 백성이 어느 곳에 우거하였든지 그곳 사람들이 마땅히 은과 금과 기타 물건과 짐승으로 도와주고 그 외에도 예루살렘 하나님의 전을 위하여 예물을 즐거이 드릴지니라"(스 1:4)고 특별지시를 내립니다.

포로생활로부터 완전한 자유를 누리는 것은 성전중심의 삶을 회복하는 것입니다.

B.C. 586년에 남쪽 유다는 예루살렘 성전이 파괴되고 포로생활을 시작합니다. B.C. 538년에 그들은 바사 왕 고레스의 칙령으로 바벨론 포로에서 귀환합니다. 그들은 귀환 후에 성전건축 공사를 진행하지만,

사마리아 사람들의 반대로 2년 만에 공사를 중단합니다. B.C. 520년에 선지자 학개와 스가랴가 성전건축을 촉구하는 메시지를 선포합니다.

그 결과 총독 스룹바벨과 대제사장 여호수아의 지도 아래 성전건축을 재개하고, 4년 후인 B.C. 516년에 성전을 완공합니다. 남쪽 유다 백성들이 바벨론 포로로 잡혀간 B.C. 586년부터 포로 귀환 후에 성전건축을 마칠 때까지 걸린 기간이 정확하게 70년입니다. 따라서 바벨론 포로 70년이란 이스라엘 백성들이 성전중심의 삶을 살지 못한 기간입니다.

또한 예수님께서 십자가 사건을 성전건축으로 비유하십니다. 사도 요한이 기록한 예수님과 유대인들의 대화를 살펴보면 그 의미를 잘 알 수 있습니다.

"예수께서 대답하여 가라사대 너희가 이 성전을 헐라 내가 사흘 동안에 일으키리라 유대인들이 가로되 이 성전은 사십륙 년 동안에 지었거늘 네가 삼 일 동안에 일으키겠느뇨 하더라 그러나 예수는 성전 된 자기 육체를 가리켜 말씀하신 것이라"(요 2:19-21)

그럼에도 불구하고 그 때에는 제자들도 예수님의 말씀의 깊은 뜻을 깨닫지 못합니다. 비로소 예수님의 죽음과 부활이 성취된 후에야 제자들이 그 말씀을 기억하고, 성경과 주님의 말씀을 믿게 됩니다.

출애굽 사건과 바벨론 포로귀환과 십자가 사건은 두 가지 주제적 공통점을 지니고 있습니다. 하나의 공통점은 하나님의 구원을 성취하는 출애굽이란 주제입니다. 또 다른 공통점은 하나님 중심, 말씀 중심의 삶을 회복하는 성전건축이란 주제입니다.

 101퍼센트의 사랑

출애굽 사건은 아브라함과 이삭과 야곱을 향한 하나님의 사랑입니다. 특별히 모세는 출애굽의 근거를 이스라엘을 향한 하나님의 사랑이라고 합니다. 모세는 이스라엘 백성들에게 "여호와께서 네 열조를 사랑하신 고로 그 후손 너를 택하시고 큰 권능으로 친히 인도하여 애굽에서 나오게 하시며 너보다 강대한 열국을 네 앞에서 쫓아내고 너를 그들의 땅으로 인도하여 들여서 그것을 네게 기업으로 주려 하심이 오늘날과 같으니라"(신 4:37-38)고 선포합니다.

예레미야도 하나님의 사랑이 출애굽의 원동력이라고 밝혀줍니다. 예레미야는 "나 여호와가 옛적에 이스라엘에게 나타나 이르기를 내가 무궁한 사랑으로 너를 사랑하는 고로 인자함으로 너를 인도하였다"(렘 31:3)는 하나님의 말씀을 선포합니다.

호세아 선지자도 출애굽에 나타난 하나님의 사랑을 이스라엘 백성들에게 선포합니다. 그는 "이스라엘의 어렸을 때에 내가 사랑하여 내 아들을 애굽에서 불러내었다"(호 11:1)는 하나님의 말씀을 대언합니다.

십계명의 서문에도 출애굽에 나타난 하나님의 사랑을 보여줍니다.

"하나님이 이 모든 말씀으로 일러 가라사대 나는 너를 애굽 땅, 종 되었던 집에서 인도하여 낸 너의 하나님 여호와로라"
(출 20:1-2)

십계명이란 애굽에 있던 이스라엘 백성들에게 구원의 조건으로 주신 계명이 아닙니다. 사랑의 하나님께서 430년 종살이에서 이스라엘 백성들을 출애굽시킨 다음에 삶의 지침서로 주신 계명입니다.

이스라엘 백성들의 출애굽은 하나님께서 아브라함과 이삭과 야곱과 맺은 언약의 성취입니다. 모세는 출애굽의 직접적 배경을 다음과 같이 묘사합니다.

> "여러 해 후에 애굽 왕은 죽었고 이스라엘 자손은 고역으로 인하여 탄식하며 부르짖으니 그 고역으로 인하여 부르짖는 소리가 하나님께 상달한지라 하나님이 그 고통 소리를 들으시고 아브라함과 이삭과 야곱에게 세운 그 언약을 기억하사 이스라엘 자손을 권념하셨더라"(출 2:23-25)

출애굽 사건은 결국 하나님께서 아브라함과 이삭과 야곱을 세운 언약을 친히 성취하신 것입니다. 하나님께서 한 명의 아들도 낳지 못한 아브라함과 출애굽을 약속합니다.

> "여호와께서 아브람에게 이르시되 너는 정녕히 알라 네 자손이 이방에서 객이 되어 그들을 섬기겠고 그들은 사백 년 동안 네 자손을 괴롭게 하리니 그 섬기는 나라를 내가 징치할지며 그 후에 네 자손이 큰 재물을 이끌고 나오리라"(창 15:13-14)

하나님께서 아브라함과 맺은 언약처럼 이삭에게 복 주실 것을 약속합니다.

> "이 땅에 유하면 내가 너와 함께 있어 네게 복을 주고 내가 이 모든 땅을 너와 네 자손에게 주리라 내가 네 아비 아브라함에게 맹세한 것을 이루어 네 자손을 하늘의 별과 같이 번성케 하며 이 모든 땅을 네 자손에게 주리니 네 자손을 인하여 천하 만민이 복을 받으리라"(창 26:3-4)

 101퍼센트의 **사랑**

특별히 하나님께서 아브라함의 아들 이삭에게 복 주시는 까닭을 알려주십니다.

"이는 아브라함이 내 말을 순종하고 내 명령과 내 계명과 내 율례와 내 법도를 지켰음이니라"(창 26:5)

죽음을 앞둔 야곱은 "나는 죽으나 하나님이 너희와 함께 계시사 너희를 인도하여 너희 조상의 땅으로 돌아가게 하시리라"(창 48:21)고 확신합니다.

요셉도 그 형제들에게 "나는 죽으나 하나님이 너희를 권고하시고 너희를 이 땅에서 인도하여 내사 아브라함과 이삭과 야곱에게 맹세하신 땅에 이르게 하시리라"(창 50:24)고 고백합니다. 또한 요셉은 "하나님이 정녕 너희를 권고하시리니 너희는 여기서 내 해골을 메고 올라가겠다 하라"(창 50:25)고 이스라엘 자손에게 맹세시킵니다.

여호수아와 함께 가나안을 정복한 이스라엘 자손들은 요셉의 유언을 지킵니다.

"이스라엘 자손이 애굽에서 이끌어 낸 요셉의 뼈를 세겜에 장사하였으니 이곳은 야곱이 세겜의 아비 하몰의 자손에게 금 일백 개를 주고 산 땅이라 그것이 요셉 자손의 기업이 되었더라"(수 24:32)

결론적으로 출애굽 사건은 아브라함과 이삭과 야곱과 맺은 언약을 하나님께서 친히 성취하신 것입니다. 또한 하나님께서 아브라함과 이삭과 야곱을 사랑하셔서 그 자손에게 베푸신 구원의 은혜입니다.

출애굽의 모든 과정은 하나님의 은혜로만 가능합니다. 애굽에서 탈출하는 것과 가나안에 입성하는 일들이 전적으로 하나님께 달려있습니다. 하나님께서 출애굽의 모든 과정에 개입하시지 않고 내버려두신다면, 이스라엘의 출애굽과 가나안 정복은 도저히 불가능한 일입니다.

(1) 하나님께서 이스라엘의 출애굽에 개입하십니다.

하나님께서 모세를 통하여 애굽에 열 가지 재앙을 내리십니다. 특히 마지막 재앙 때에는 죽음의 사자가 애굽 전역을 휩쓸고 지나갑니다. 바로의 왕궁부터 짐승의 초태생까지 처음 난 것들이 모조리 죽습니다.

그러나 이스라엘은 하나님의 지시대로 유월절 예식을 준비하고, 어린양의 피를 문 인방과 좌우 설주에 바르고 재앙을 피합니다. 죽음의 사자가 어린양의 피를 보고 넘어간 것입니다.

바로는 아들이 죽는 재앙을 당하고 이스라엘 백성들을 놓아주지만 아들의 장례식을 마치고, 다시 이스라엘을 추격합니다.

이스라엘 백성들은 앞에 홍해바다가 가로막아 서있고 뒤에서 바로의 군대가 추격해오자 두려워합니다. 이 때 모세는 두려워하는 백성들에게 하나님의 구원하심을 담대하게 선포합니다.

마침내 바로의 추격은 홍해 바다에서 죽음으로 끝이 나고, 이스라엘의 출애굽이 이루어집니다. 마찬가지로 바벨론 포로생활도 느부갓네살의 바벨론이 멸망하고, 새로운 제국 바사가 등장함으로 끝이 납니다. 십자가 사건도 주님께서 사망의 권세를 이기고 부활하심으로 이루어집니다. 그러나 완전한 구원과 승리는 주님의 재림으로 이루어질 것입니다. 악의 삼총사인 마귀와 짐승과 거짓 선지자가 지옥 불에 떨어짐으로 마무리가 될 것입니다(계 20:7-10).

한 영혼이 회개하고 돌아올 때에 천국에서는 가장 크게 기뻐합니다. 그러나 한 영혼의 구원은 430년 종살이에서 해방되는 출애굽처럼 힘들고 어려운 일입니다. 또한 그것은 하나님의 개입이 없으면 불가능한 일입니다. 따라서 바울은 구원을 하나님의 선물이라 부릅니다.

"너희가 그 은혜를 인하여 믿음으로 말미암아 구원을 얻었나니 이것이 너희에게서 난 것이 아니요 하나님의 선물이라 행위에서 난 것이 아니니 이는 누구든지 자랑치 못하게 함이니라"(엡 2:8-9)

하나님의 은혜로 출애굽한 이스라엘은 자기를 자랑할 수 없습니다. 마찬가지로 하나님의 은혜로 구원받은 성도들도 자기를 자랑하지 말고, 오직 하나님만 자랑해야 합니다.

(2) 하나님께서 이스라엘의 가나안 입성에 개입하십니다.

하나님께서 친히 소돔과 고모라에서 롯의 가족을 구출하십니다. 하나님께서 롯에게 경고하신 말씀은 "뒤를 돌아보지 말라"는 것입니다. 그럼에도 불구하고 롯의 아내는 뒤를 돌아보다가 소금 기둥이 되고 맙니다(창 19:26).

하나님께서 친히 애굽에 열 가지 재앙을 내리시고 이스라엘을 구출하십니다. 하나님의 은혜로 출애굽한 이스라엘 백성은 더 이상 애굽을 바라보지 말아야 합니다.

그러나 광야세대는 믿음으로 가나안을 바라보지 못하고, 롯의 아내처럼 틈만 나면 애굽을 그리워합니다. 그 결과 603,550명 가운데 여호수아와 갈렙을 제외하고 모조리 광야에서 죽음을 맞이합니다(민 1:46; 14:22-24).

출애굽의 모든 과정을 살펴보면 출애굽보다 더욱 중요한 과정은 가나안 입성입니다. 성경적 관점에서 보면 시작보다 마무리가 보다 더 중요합니다. 만약 가나안 입성에 실패한다면, 출애굽은 의미 없는 일입니다. 출애굽의 처음 출발이 하나님의 은혜로 시작한 것처럼, 출애굽의 마지막 과정도 하나님의 은혜로 마무리해야 합니다.

부정적인 광야세대에게 필요한 것은 오직 믿음의 조상 아브라함의 믿음입니다. 눈에 보이는 광야를 보지 않고 믿음으로 가나안을 바라보는 믿음이 있어야 합니다.

믿음의 조상 아브라함의 하나님은 "죽은 자를 살리시고 없는 것을 있는 것같이 부르시는" 하나님이십니다(롬 4:17). 아브라함도 100세의 자기 몸과 90세의 사라의 태가 죽은 것을 잘 알고 있습니다. 그렇지만 아브라함의 믿음은 결코 약해지거나 없어지지 않습니다. 아브라함은

 101퍼센트의 사랑

하나님의 약속을 의심치 않고, 견고한 믿음으로 하나님께 영광을 돌리고, 하나님께서 약속하신 것을 능히 이루실 것을 확신합니다(롬 4:19-22).

여호수아와 갈렙처럼 가나안 입성에 성공하려면, 믿음의 조상 아브라함처럼 현실적 정보를 가지고 판단하지 말아야 합니다. 오직 전능하신 하나님의 능력을 확신해야 합니다.

오늘날에도 한 영혼이 죄악에서 벗어나서 구원받는 일은 대단히 힘든 일입니다. 죄인 하나가 회개하고 구원받는 영적 출애굽은 오직 하나님의 도우심으로 가능합니다. 즉 마귀와 영적 전쟁에서 승리할 때에 가능한 일입니다.

그러나 완전한 출애굽이 가나안에 입성함으로 완성되는 것처럼 완전한 구원은 영원한 천국에 들어감으로 완성될 것입니다.(벧전 1:9)

넷째, 광야세대의 삶은 두 가지 교훈을 가르쳐줍니다.

광야세대의 실패한 삶을 통해서 두 가지 중요한 교훈을 배울 수 있습니다. 하나는 더 이상 애굽을 바라보지 말라는 것입니다. 다른 하나는 가나안을 바라보고 믿음의 언어를 사용하라는 것입니다.

광야세대가 실패한 두 가지 원인은 애굽을 동경하며 뒤를 돌아본 것과 부정적인 언어로 하나님과 모세를 원망한 것입니다.

(1) 더 이상 애굽을 동경하며 뒤를 돌아보지 말아야 합니다.

사도 바울은 자신의 믿음의 자세를 다음과 같이 고백합니다.

"형제들아 나는 아직 내가 잡은 줄로 여기지 아니하고 오직 한 일 즉 뒤에 있는 것은 잊어버리고 앞에 있는 것을 잡으려고 푯대를 향하여 그리스도 예수 안에서 하나님이 위에서 부르신 부름의 상을 위하여 좇아가노라"(빌 3:13-14)

바울의 고백은 올바른 믿음의 자세를 가르쳐줍니다. 한 마디로 과거 지향적 자세를 버리고 미래 지향적 자세를 취해야 합니다. 또한 바울은 골로새교회 성도들에게 구원받은 이후에 취할 합당한 삶의 자세를 다음과 같이 제시합니다.

"이제는 너희가 이 모든 것을 벗어 버리라 곧 분과 악의와 훼방과 너희 입의 부끄러운 말이라 너희가 서로 거짓말을 말라 옛사람과 그 행위를 벗어 버리고 새사람을 입었으니 이는 자기를 창조하신 자의 형상을 좇아 지식에까지 새롭게 하심을 받는 자니라"(골 3:8-10)

히브리서 기자도 믿음의 경주자들에게 세 가지 주의사항을 주면서 다음과 같이 격려합니다. 첫째는 죄를 벗어버리라는 것입니다. 둘째는 인내하라는 것입니다. 셋째는 목표를 바라보라는 것입니다. 믿음은 언제든지 과거 지향적이 아니라 미래 지향적이기 때문입니다.

"이러므로 우리에게 구름같이 둘러싼 허다한 증인들이 있으니 모든 무거운 것과 얽매이기 쉬운 죄를 벗어 버리고 인내로써 우리 앞에 당한 경주를 경주하며 믿음의 주요 또 온전케 하시는 이인 예수를 바라보자"(히 12:1-2)

 101퍼센트의 **사랑**

(2) 가나안을 바라보고 믿음의 말을 해야 합니다.

신앙생활이란 대부분 언어생활입니다. 언제나 믿음 있는 말을 하고, 긍정적인 말을 하고, 세워주고 격려하는 말을 해야 합니다. 그 반대가 되는 말을 일삼는다면 실족하여 넘어질 수밖에 없습니다.

광야세대의 부정적 언어를 살펴보면, "없다"는 말과 "죽겠다"는 말입니다. 최악의 언어는 "없어 죽겠다"는 말일 것입니다. 부정적인 언어는 언제든지 부정적인 결과를 가져옵니다. 광야세대의 비극은 입에다 원망을 달고 산 것입니다.

그들은 홍해 바다를 건넌지 사흘 만에 마라의 쓴물 앞에서 "우리가 무엇을 마실까"(출 15:24)라고 원망을 시작합니다. 그 후부터 그들은 40년 동안 날마다 끊임없이 쉬지 않고 원망을 계속합니다. 마침내 정탐꾼의 보고를 듣고 원망하는 광야세대를 향하여 하나님께서 "나의 삶을 가리켜 맹세하노라 너희 말이 내 귀에 들린 대로 내가 너희에게 행하리니"(민 14:28)라고 경고하십니다.

야고보는 초대교회 성도들에게 합당한 언어생활의 지침을 내립니다.
"내 사랑하는 형제들아 너희가 알거니와 사람마다 듣기는 속히 하고 말하기는 더디 하며 성내기도 더디 하라 사람의 성내는 것이 하나님의 의를 이루지 못함이니라"(약 1:19-20)

성경적 개념으로 가장 복된 언어 가운데 하나는 감사입니다. 즉 감사란 "감사할 일이 있어서 감사하는 것이 아니라 감사하면 감사할 일이 생기는 것"입니다. 사도 바울은 어떤 상황에서든지 하나님의 뜻을 분명하게 구별할 수 있는 원리를 가르쳐줍니다.

어떤 환경에서 무슨 일을 수행하든지 기뻐하고, 기도하고, 감사할 수 있다면, 그 일은 하나님의 뜻입니다. 그러나 만약 어떤 일을 추진할 때에 기뻐할 수 없고, 기도할 수 없고, 감사할 수 없다면, 그 일은 결코 하나님의 뜻이 아닙니다.

또한 사도 바울은 다음과 같은 구원의 원리를 제시합니다.

아무리 힘들고 어려운 광야생활이 우리 앞에 펼쳐지더라도 기뻐하고, 기도하고, 감사함으로 하나님의 뜻을 성취해야 합니다. 60만 명이 원망하더라도 여호수아와 갈렙처럼 믿음의 언어를 사용하고 격려해야 합니다. 부정적인 언어로 젖과 꿀이 흐르는 가나안의 복을 빼앗기지 말아야 합니다.

누구든지 마음으로 하나님의 약속을 믿고, 입으로 감사의 고백을 해야 합니다. 만약 그렇지 못한다면, 그 누구도 결코 가나안의 주인공이 될 수 없을 것입니다. 히브리서 기자의 증언처럼 "믿음은 바라는 것들의 실상이요 보지 못하는 것들의 증거" 이기 때문입니다(히 11:1).

다섯째, 믿음과 비전이 있어야 가나안의 주인공이 됩니다.

출발이 좋으면 더 좋은 마무리를 기대할 수 있습니다. 그런 의미에서 옛사람들은 "시작이 반이다!" 또는 "될성부른 나무는 떡잎부터 알아본다!"는 속담을 자주 사용합니다. 출애굽의 출발에서 완성에 이르기까지 하나님께서 수많은 사람들과 언약하십니다.

출애굽이란 아브라함과 언약, 이삭과 언약, 야곱과 언약, 요셉과 언약, 모세와 언약, 여호수아와 언약에 이르기까지 수많은 언약에서 출발하고 언약의 성취로 마무리됩니다.

하나님의 언약을 성취하는 주인공이 되려면 미래의 가능성을 확신하는 믿음과 비전이 있어야 합니다.

믿음은 하나님의 기적을 일으키는 유일한 무기입니다.

대부분의 사람들은 미래보다 현재에 주목합니다. 그러나 하나님을 사랑하는 사람들에게는 현재의 모습보다 미래의 가능성을 살필 줄 아는 지혜가 필요합니다. 더 좋은 미래의 가능성을 보장받은 사람은 무엇보다 믿음이 좋은 사람입니다. 하나님께서 여호수아와 갈렙처럼 미래를 바라보는 믿음의 사람들에게 가나안의 복을 주시기 때문입니다.

다윗은 인간의 생사화복이 하나님의 손에 달려있음을 고백합니다.

"부와 귀가 주께로 말미암고 또 주는 만유의 주재가 되사 손에 권세와 능력이 있사오니 모든 자를 크게 하심과 강하게 하심이 주의 손에 있나이다"(역대상 29:12)

다윗의 고백처럼 믿음의 사람들은 현실을 보지 않고 은혜와 기적을 베푸시는 하나님을 바라봅니다. 이와 같은 하나님의 전능하심을 믿는 사람들이 놀라운 기적을 체험합니다. 하나님의 기적은 믿음으로 순종하는 자들에게 주시는 선물입니다.

또한 미래는 비전이 큰 사람에게 항상 열려 있습니다. 사람을 움직이는 것은 그 사람의 마음과 생각이기 때문입니다. 하나님께서는 복을 주시기 전에 먼저 약속의 말씀을 통하여 우리의 마음에 소원을 주십니다.

"또 여호와를 기뻐하라 저가 네 마음의 소원을 이루어 주시리로다"(시 37:4)

요셉처럼 하나님의 비전을 품고 산다면, 우리의 미래를 보장받을 수 있습니다. 비전이 있는 사람은 아무리 어려운 환경에서라도 주저앉지 않고 일어날 수 있기 때문입니다. 동시에 여호수아와 갈렙처럼 하나님의 약속을 믿고 60만 명의 반대에도 주저앉지 않는 미래를 향한 비전을 선포해야 합니다. 가나안 땅을 탐지한 눈의 아들 여호수아와 여분네의 아들 갈렙은 그 옷을 찢고 이스라엘 자손의 온 회중에게 선포합니다.

"우리가 두루 다니며 탐지한 땅은 심히 아름다운 땅이라 여호와께서 우리를 기뻐하시면 우리를 그 땅으로 인도하여 들이시고 그 땅을 우리에게 주시리라 이는 과연 젖과 꿀이 흐르는 땅이니라 오직 여호와를 거역하지 말라 또 그 땅 백성을 두려워하지 말라 그들은 우리 밥이라 그들의 보호자는 그들에게서 떠났고 여호와는 우리와 함께 하시느니라 그들을 두려워 말라"(민 14:7-9)

결국 비전을 선포한 두 사람은 하나님의 인정을 받고 가나안의 주인

 101퍼센트의 **사람**

공이 됩니다. 하나님께서는 "나의 삶을 가리켜 맹세하노라 너희 말이 내 귀에 들린 대로 내가 너희에게 행하리니 너희 시체가 이 광야에 엎드러질 것이라 너희 이십 세 이상으로 계수함을 받은 자 곧 나를 원망한 자의 전부가 여분네의 아들 갈렙과 눈의 아들 여호수아 외에는 내가 맹세하여 너희로 거하게 하리라 한 땅에 결단코 들어가지 못하리라"(민 14:28-30)고 선언합니다.

6. 튤립(TULIP)에 깃든 하나님의 사랑 

종교개혁 이후에 유럽에서 기독교가 꽃을 피웁니다. 그 가운데 대표적인 나라가 네덜란드입니다. 네덜란드의 국화가 튤립(TULIP)인데, 그들은 튤립의 알파벳으로 오행시를 짓듯이 하나님께서 죄인을 선택하시고 구속하신 은혜를 정리하여 개혁주의 5대 교리의 뼈대를 세웁니다.

그것은 전적 부패(Total Depravity), 무조건적 선택(Unconditional Election), 제한 속죄(Limited Atonement), 불가항력적 은혜(Irresistable Grace), 성도의 견인(Perseverance of the Saints)입니다. 이것은 우리를 구원하신 하나님의 사랑을 잘 설명해주는 기독교 교리의 뼈대입니다.

첫째, 전적 부패(Total Depravity)입니다.

성경의 관점에서 사람의 성품을 살펴보면, 성선설(性善說)이 아니라 성악설(性惡說)입니다. 사람은 모두 다 죄인이고, 전적으로 부패하고 타락한 존재이기 때문입니다.

첫 번째 사람 아담부터 아담의 후손으로 태어난 인류는 모두 다 죄인입니다. 하나님의 형상으로 창조된 아담이 타락한 후에는 하나님의 형상이 아닌 자기 형상과 같은 자녀를 낳습니다.

성경은 아담의 생애를 다음과 같이 정리합니다.

“아담 자손의 계보가 이러하니라 하나님이 사람을 창조하실 때에 하나님의 형상대로 지으시되 남자와 여자를 창조하셨고 그들이 창조되던 날에 하나님이 그들에게 복을 주시고 그들의 이름을 사람이라 일컬으셨더라 아담이 일백삼십 세에 자기 모양 곧 자기 형상과 같은 아들을 낳아 이름을 셋이라 하였고 아담이 셋을 낳은 후 팔백 년을 지내며 자녀를 낳았으며 그가 구백삼십 세를 향수하고 죽었더라”(창 5:1-5)

타락한 아담은 “죄의 삯은 사망이요 하나님의 은사는 그리스도 예수 우리 주 안에 있는 영생이니라”(롬 6:23)는 말씀처럼 그의 인생을 죽음으로 마무리합니다.

다윗은 성령의 감동으로 “여호와께서 하늘에서 인생을 굽어 살피사 지각이 있어 하나님을 찾는 자가 있는가 보려 하신즉 다 치우쳤으며 함께 더러운 자가 되고 선을 행하는 자가 없으니 하나도 없도다”(시 14:2-3; 53:2-3)라고 고백합니다.

사도 바울도 의인은 하나도 없다는 사실을 다음과 같이 이야기합니다.

“기록한바 의인은 없나니 하나도 없으며 깨닫는 자도 없고 하나님을 찾는 자도 없고 다 치우쳐 한가지로 무익하게 되고 선을 행하는 자는 없나니 하나도 없도다 저희 목구멍은 열린 무덤이요 그 혀로는 속임을 베풀며 그 입술에는 독사의 독이 있고 그 입에는 저주와 악독이 가득하고 그 발은 피 흘리는 데 빠른지라 파멸과 고생이 그 길에 있어 평강의 길을 알지 못하였고 저희 눈앞에 하나님을 두려워함이 없느니라 함과 같으니

라"(롬 3:10-18)

이처럼 전적으로 부패한 사람은 도저히 자기 자신의 힘으로 구원받을 수 없는 존재입니다. 바울은 "그러므로 율법의 행위로 그의 앞에 의롭다 하심을 얻을 육체가 없나니 율법으로는 죄를 깨달음이니라"(롬 3:20)고 결론을 내립니다.

그럼에도 불구하고 바울은 죄인이 구원받을 수 있는 길을 제시합니다. 오직 하나님의 구속의 은혜로 죄인이 구원받을 수 있다는 진리를 가르쳐줍니다.

"모든 사람이 죄를 범하였으매 하나님의 영광에 이르지 못하더니 그리스도 예수 안에 있는 구속으로 말미암아 하나님의 은혜로 값없이 의롭다 하심을 얻은 자 되었느니라"(롬 3:23-24)

전적으로 타락하고 부패한 사람은 하나님의 율법을 지킬 수 없는 죄인입니다. 하나님의 은혜가 아니면, 사람은 결코 구원받을 수 없는 존재입니다.

바울은 이와 같은 죄인을 구원하시려고 돌아가신 예수님의 죽으심이야말로 우리를 향하신 하나님의 사랑의 증거라고 강조합니다.

"우리가 아직 죄인 되었을 때에 그리스도께서 우리를 위하여 죽으심으로 하나님께서 우리에게 대한 자기의 사랑을 확증하셨느니라"(롬 5:8)

뿐만 아니라 이방인의 사도인 바울은 도저히 구원받을 수 없는 이방인을 자녀로 삼으시고 구원하신 하나님의 사랑을 선포합니다.

"이 그릇은 우리니 곧 유대인 중에서 뿐 아니라 이방인 중에서

 101퍼센트의 사랑

이와 같이 모든 사람은 하나님의 은혜가 아니면 도저히 구원받을 수 없는 전적으로 타락하고, 전적으로 부패한 죄인일 뿐입니다.

둘째, 무조건적 선택(Unconditional Election)입니다.

세상에서는 어떤 경우라도 조건이 붙습니다. 어떤 사람을 사랑하고 미워할 때에도 조건이 있습니다. 청춘남녀가 시집가고 장가갈 때에도 조건이 있습니다. 어떤 물건을 사고 팔 때에도 조건이 있습니다. 건물을 짓고 헐 때에도 조건이 있습니다. 대학이나 대기업뿐만 아니라 유치원이나 노인정에 들어갈 때에도 가입조건이 있습니다.

또한 세상에는 조건적인 사랑들로 가득 차 있습니다. 조건에 따라서 현재 조건적 사랑과 미래 조건적 사랑으로 나눌 수 있습니다. 현재 조건적 사랑은 "때문에의 사랑"(because of - love)이라 부릅니다. 또한 미래 조건적 사랑은 "만약의 사랑"(if - love)이라 부릅니다. 그런데 세상의 모든 조건은 시간이 흐르면 변하기 때문에 사랑도 조건의 변화에 따라서 바뀌고 맙니다.

욥의 아내는 모든 재산을 잃고, 자녀들을 잃고, 몸마저 병든 욥을 향하여 "당신이 그래도 자기의 순전을 굳게 지키느뇨 하나님을 욕하고 죽으라"(욥 2:9)고 외칩니다. 사랑하던 아내도 조건이 바뀌자 단호하게 입장을 바꾸어버립니다. 이와 같이 사람의 사랑은 모두 다 조건적일 수밖에 없습니다.

그러나 하나님의 사랑은 무조건적 사랑입니다. 무조건적인 사랑은 "불구하고의 사랑"(in spite of - love)이라 부릅니다. 이것은 아무리 세월이 흐르고, 아무리 조건이 바뀌어도 변하지 않는 사랑입니다.

오직 우리를 향하신 하나님의 사랑만 무조건적입니다. 하나님께서 우리를 사랑하시고 구원하실 때에 아무런 조건도 붙이지 않습니다. 하나님께서는 우리를 무조건 사랑하시고, 무조건 선택하신 것입니다.

하나님의 선택은 우리의 선택과 반대일 때가 많습니다. 하나님께서 혈통과 가문이 좋은 젊은 부부가 아니라 75세의 아브라함과 65세의 사라를 선택하여 믿음의 조상으로 삼으십니다. 40세의 모세가 아니라 80세의 모세를 선택하여 출애굽의 대역사를 이루십니다.

이사야는 "여호와의 말씀에 내 생각은 너희 생각과 다르며 내 길은 너희 길과 달라서 하늘이 땅보다 높음같이 내 길은 너희 길보다 높으며 내 생각은 너희 생각보다 높으니라"(사 55:8)고 이야기합니다.

사도 바울은 하나님의 선택 기준이 사람의 선택 기준과 전혀 다른 까닭을 설명합니다. 한 마디로 "하나님의 미련한 것이 사람보다 지혜 있고 하나님의 약한 것이 사람보다 강하니라"(고전 1:25)고 선언합니다.

사람과 달리 하나님께서는 지혜로운 자보다 미련한 자를, 강한 자보다 약한 자를, 부자보다 가난한 자를 선택하십니다. 왜냐하면 얼마든지 미련한 자를 지혜롭게, 약한 자를 강하게, 가난한 자를 부하게 만들 수 있기 때문입니다.

 101퍼센트의 **사랑**

하나님께서 가장 싫어하시는 것은 사람이 교만하게 자기 자랑을 일삼고, 하나님께 영광을 돌리지 않는 것입니다. 바울은 이와 같은 하나님의 선택에 대하여 다음과 같이 정리합니다.

"형제들아 너희를 부르심을 보라 육체를 따라 지혜 있는 자가 많지 아니하며 능한 자가 많지 아니하며 문벌 좋은 자가 많지 아니하도다 그러나 하나님께서 세상의 미련한 것들을 택하사 지혜 있는 자들을 부끄럽게 하려 하시고 세상의 약한 것들을 택하사 강한 것들을 부끄럽게 하려 하시며 하나님께서 세상의 천한 것들과 멸시받는 것들과 없는 것들을 택하사 있는 것들을 폐하려 하시나니 이는 아무 육체라도 하나님 앞에서 자랑하지 못하게 하려 하심이라"(고전 1:26-29)

또한 바울은 이와 같은 하나님의 선택이 "창세전에" 이루어진 것을 이야기합니다.

"찬송하리로다 하나님 곧 우리 주 예수 그리스도의 아버지께서 그리스도 안에서 하늘에 속한 모든 신령한 복으로 우리에게 복 주시되 곧 창세 전에 그리스도 안에서 우리를 택하사 우리로 사랑 안에서 그 앞에 거룩하고 흠이 없게 하시려고 그 기쁘신 뜻대로 우리를 예정하사 예수 그리스도로 말미암아 자기의 아들들이 되게 하셨으니 이는 그의 사랑하시는 자 안에서 우리에게 거저 주시는바 그의 은혜의 영광을 찬미하게 하려는 것이라"(엡 1:3-6)

동시에 바울은 우리를 구원하시려고 선택하신 하나님의 사랑에 항상 감사해야 한다고 이야기합니다.

> "주의 사랑하시는 형제들아 우리가 항상 너희를 위하여 마땅히 하나님께 감사할 것은 하나님이 처음부터 너희를 택하사 성령의 거룩하게 하심과 진리를 믿음으로 구원을 얻게 하심이니 이를 위하여 우리 복음으로 너희를 부르사 우리 주 예수 그리스도의 영광을 얻게 하려 하심이니라"(살후 2:13-14)

이와 같이 창세전부터 우리를 구원하시려고 계획하신 하나님의 선택은 무조건적입니다. 하나님의 무조건적 선택이 아니라면, 하나님의 사랑을 받고 구원을 얻을 수 있는 사람은 한 사람도 없습니다. 하나님의 선택으로 구원받은 사람들은 하나님의 사랑을 가슴에 새기고 그 은혜에 보답하는 감사의 삶을 살아야 합니다.

하나님께서 무조건적으로 선택하신 것처럼, 우리도 하나님께 무조건적으로 충성해야 합니다. 하나님께서 우리를 부르실 때에는 아무런 조건도 달지 말아야 합니다. 하나님의 무조건적 선택 앞에 충성된 마음으로 봉사하는 것이 성도의 도리이기 때문입니다.

셋째, 제한 속죄(Limited Atonement)입니다.

이것은 하나님의 구원의 능력이 제한적이란 의미가 아닙니다. 하나님의 구원의 능력은 과거와 현재와 미래의 모든 인류를 구원하고도 남기 때문입니다. 또한 하나님께서는 모든 사람이 구원받기를 원하십니다.

바울은 "하나님은 모든 사람이 구원을 받으며 진리를 아는데 이르기를 원하시느니라"(딤전 2:4)고 가르쳐줍니다. 베드로도 "주의 약속은

 101퍼센트의 사랑

어떤 이의 더디다고 생각하는 것같이 더딘 것이 아니라 오직 너희를 대하여 오래 참으사 아무도 멸망치 않고 다 회개하기에 이르기를 원하시느니라"(벧후 3:9)고 이야기합니다.

그럼에도 불구하고 하나님의 구원 사역은 그 범위에 있어서 제한적입니다. 결과적으로 이미 세상을 떠난 사람들을 살펴보면, 예수 그리스도를 영접하고 죽은 사람도 있지만 그렇지 못한 사람도 있기 때문입니다. 따라서 제한 속죄란 하나님의 능력이 아니라 그 능력의 범위가 제한적인 것을 의미합니다.

선지자 이사야는 복음을 전하면서 어떤 사람이 믿고 어떤 사람이 믿지 않는지 의문을 품습니다.

"우리의 전한 것을 누가 믿었느뇨 여호와의 팔이 뉘게 나타났느뇨"(사 53:1)

사도 바울은 이방인의 사도답게 구원의 과정을 체험적으로 설명합니다.

"누구든지 주의 이름을 부르는 자는 구원을 얻으리라 그런즉 저희가 믿지 아니하는 이를 어찌 부르리요 듣지도 못한 이를 어찌 믿으리요 전파하는 자가 없이 어찌 들으리요 보내심을 받지 아니하였으면 어찌 전파하리요 기록된바 아름답도다 좋은 소식을 전하는 자들의 발이여 함과 같으니라"(롬 10:13-15)

먼저 하나님께서 전파하는 자를 보내십니다. 전파하는 자를 통하여 복음을 듣습니다. 복음을 듣는 자가 믿습니다. 믿는 자가 주님의 이름을 부릅니다. 누구든지 주님의 이름을 부르는 자는 구원을 받습니다.

　　그런데 문제는 하나님의 보내심을 받은 자가 전파할 때에 두 가지 반응이 나타납니다. 즉 믿는 자도 있고 믿지 않는 자도 있습니다. 복음을 듣는 자가 모두 믿는다면 좋겠지만, 그렇지 않은 자들도 많습니다. 우리처럼 연약한 자들이 복음을 전하기 때문이 아닙니다.

　　예수님께서도 고향에서 배척을 받으시고, "선지자가 자기 고향과 자기 친척과 자기 집 외에서는 존경을 받지 않음이 없느니라"(막 6:4)고 말씀하십니다. 예수님도 "거기서는 아무 권능도 행하실 수 없어 다만 소수의 병인에게 안수하여 고치실 뿐이었고 저희의 믿지 않음을 이상히 여기셨더라"(막 6:5-6)고 기록합니다.

　　또한 이것은 선지자 이사야와 사도 바울이 고민한 문제이기도 합니다. 바울은 선지자 이사야가 "주여 우리의 전하는 바를 누가 믿었나이까?"라고 말한 것처럼 듣는 자들이 다 복음을 순종치 아니하였다고 선언합니다(롬 10:16). 그는 "그러므로 믿음은 들음에서 나며 들음은 그리스도의 말씀으로 말미암았느니라"(롬 10:17)고 결론을 내립니다.

　　그러나 말씀을 들으면 자동적으로 믿음이 생기는 것이 아닙니다. 하나님의 성령의 역사하심을 따라서 은혜를 받아야 믿어지는 것입니다.

　　예수님께서도 산상수훈의 결론에서 "그러므로 누구든지 나의 이 말을 듣고 행하는 자는 그 집을 반석 위에 지은 지혜로운 사람 같으리니 비가 내리고 창수가 나고 바람이 불어 그 집에 부딪히되 무너지지 아니하나니 이는 주초를 반석 위에 놓은 연고요 나의 이 말을 듣고 행치 아니하는 자는 그 집을 모래 위에 지은 어리석은 사람 같으리니 비가 내리고 창수가 나고 바람이 불어 그 집에 부딪히매 무너져 그 무너짐이 심

 101퍼센트의 사람

하니라”(마 7:24-27)고 교훈하십니다.

이와 같은 차원에서 제한 속죄란 하나님의 복음을 듣고 믿는 자들이 제한적이란 뜻입니다.

복음을 듣고 믿은 자들은 내가 믿은 것이 아닙니다. 오직 하나님의 은혜로 믿어진 것입니다. 따라서 이 사실을 깨닫고 하나님께만 영광을 돌려야 합니다.

“너희가 그 은혜를 인하여 믿음으로 말미암아 구원을 얻었나니 이것이 너희에게서 난 것이 아니요 하나님의 선물이라 행위에서 난 것이 아니니 이는 누구든지 자랑치 못하게 함이니라”(엡 2:8-9)

넷째, 불가항력적 은혜(Irresistable Grace)입니다.

이것은 구원의 주도권이 오직 하나님께 달려있음을 의미합니다.

하나님께서 리브가의 복중에 있는 아이들을 가리켜서 “큰 자가 어린 자를 섬기리라”(롬 9:12)고 말씀하십니다. 또한 “내가 야곱은 사랑하고 에서는 미워하였다”(롬 9:13; 말 1:2-3)라고 말씀하십니다.

사도 바울은 여기에 대하여 “그런즉 우리가 무슨 말하리요 하나님께 불의가 있느뇨 그럴 수 없느니라”(롬 9:14)고 선언합니다. 그것은 어디까지나 하나님의 주권에 속한 문제이기 때문입니다.

하나님께서는 모세에게도 “내가 긍휼히 여길 자를 긍휼히 여기고 불쌍히 여길 자를 불쌍히 여기리라”(롬 9:15; 출 33:19)고 말씀하십니다.

결론적으로 구원이란 사람이 거부할 수 없는 하나님의 주권적 사역입니다.

예수님께서 빌라델비아교회의 사자에게 자신을 "거룩하고 진실하
사 다윗의 열쇠를 가지신 이 곧 열면 닫을 사람이 없고 닫으면 열 사람
이 없는 그이"(계3:7)라고 소개하십니다. 또한 주님께서는 "볼지어다
내가 네 앞에 열린 문을 두었으되 능히 닫을 사람이 없으리라"(계 3:8)
고 선포하십니다.

솔로몬도 전도서에서 하나님의 절대주권을 선포합니다.

따라서 사람은 하나님의 주권적 사역 앞에서 순응하며 살아야 한다
는 것을 가르쳐줍니다.

모세는 80세에 하나님의 부르심을 받았을 때에 "내가 누구관대 바
로에게 가며 이스라엘 자손을 애굽에서 인도하여 내리이까"(출 3:11)라
고 저항합니다. 그러나 결과는 모세의 뜻대로 된 것이 아니라 하나님의
뜻대로 이루어집니다.

주님께서 다메섹 도상의 사울을 붙잡아 바울로 변화시키십니다. 주

님의 말씀에 의문을 품은 아나니아 선지자에게 "가라 이 사람은 내 이름을 이방인과 임금들과 이스라엘 자손들 앞에 전하기 위하여 택한 나의 그릇이라"(행 9:15)고 선언하십니다.

바울은 아나니아의 안수로 눈에서 비늘이 떨어지고 새롭게 믿음의 눈이 열립니다. 그 후부터 바울은 자기의 의지와 상관없이 과거의 모든 삶을 배설물로 여기고 주님의 십자가만 따라갑니다(빌 3:8).

이와 같이 그 누구라도 하나님의 부르심 앞에서 하나님의 명령을 거역할 수 없습니다. 이것을 가리켜서 불가항력적 은혜라 부릅니다. 이와 같이 그리스도인들은 하나님의 불가항력적 은혜로 구원을 받은 사람들입니다.

다섯째, 성도의 견인(Perseverance of the Saints)입니다.

자동차가 달리다가 문제가 생겨서 움직이지 못할 때에 견인차가 와서 끌고 갑니다. 이와 같이 성도란 고장을 일으킨 자동차처럼 하나님의 은혜가 아니면 한 순간도 살아갈 수 없고, 한 발자국도 움직일 수 없는 사람들입니다. 그럼에도 불구하고 우리가 천국을 소망하며 살아갈 수 있는 까닭은 주님께서 친히 우리의 견인차가 되시기 때문입니다.

성도의 견인을 쉽게 설명한다면 "한 번 구원을 받은 자는 끝까지 구원을 받습니다!"라는 내용입니다. 다시 말해서 야곱처럼 한 번 하나님의 사랑을 받은 사람은 끝까지 사랑을 받습니다.

하나님께서는 단 한 번도 야곱을 포기하신 적이 없습니다. 마침내 야곱이 이스라엘로 변화될 때까지 하나님의 훈련은 그치지 않습니다.

아브라함의 하나님, 이삭의 하나님, 야곱의 하나님이라 칭할 수 있도록 끊임없는 훈련을 통하여 다듬으십니다.

우리가 죄 많은 세상에서 죄만 짓고 살지만, 구원의 확신으로 천국을 소망할 수 있는 까닭은 바로 성도를 천국까지 견인하시는 하나님의 사랑을 믿기 때문입니다.

그런 관점에서 사도 요한은 "유월절 전에 예수께서 자기가 세상을 떠나 아버지께로 돌아가실 때가 이른 줄 아시고 세상에 있는 자기 사람들을 사랑하시되 끝까지 사랑하시니라"(요 13:1)고 기록합니다.

사도 바울은 "누가 우리를 그리스도의 사랑에서 끊으리요 환난이나 곤고나 핍박이나 기근이나 적신이나 위험이나 칼이랴 기록된바 우리가 종일 주를 위하여 죽임을 당케 되며 도살할 양같이 여김을 받았나이다 함과 같으니라 그러나 이 모든 일에 우리를 사랑하시는 이로 말미암아 우리가 넉넉히 이기느니라"(롬 8:35-37)고 궁극적 승리를 확신합니다. 왜냐하면 그 어떤 것들도 우리를 향하신 하나님의 사랑을 끊을 수 없다는 사실을 믿기 때문입니다.

"내가 확신하노니 사망이나 생명이나 천사들이나 권세자들이나 현재 일이나 장래 일이나 능력이나 높음이나 깊음이나 다른 아무 피조물이라도 우리를 우리 주 그리스도 예수 안에 있는 하나님의 사랑에서 끊을 수 없으리라"(롬 8:38-39)

우리 자신을 바라보면 도저히 구원받을 자격이 없는 사람들입니다. 그럼에도 불구하고 구원의 확신을 갖는 까닭은 변함없이 우리를 사랑하시고, 끝까지 우리를 사랑하시는 하나님의 사랑을 믿기 때문입니다.

 101퍼센트의 사랑

우리는 하나님의 그 사랑을 믿기 때문에 "내가 주의 목전에서 쫓겨 났을지라도 다시 주의 성전을 바라보겠다"(욘 2:4)라고 기도한 요나처럼 물고기 뱃속에서라도 기도할 수 있는 사람들입니다.

우리 자신의 노력이 아니라 하나님의 견인으로 우리는 영원한 천국을 보장받은 사람들입니다.

7. 고난 속에 깨닫는 하나님의 사랑

"자녀이면 또한 후사 곧 하나님의 후사요 그리스도와 함께한 후사니 우리가 그와 함께 영광을 받기 위하여 고난도 함께 받아야 될 것이니라"(롬 8:17)

누구든지 예수 그리스도를 영접하면 하나님의 자녀의 권세를 주십니다. 그러나 동시에 하나님의 상속자로서 고난을 받아야 합니다. 세상에서 환난과 고난을 만날 때에 좋아할 사람은 없습니다. 그러나 성경적으로 보면 고난이 항상 나쁜 것은 아닙니다.

때때로 하나님께서 고난을 허락하시는 까닭은 우리의 믿음을 연단하기 위함입니다. 그 고난을 통과한 후에 더 큰 은혜와 복을 주시려는 것이 하나님의 뜻입니다.

그러므로 광야 같은 인생 길에서 어떤 고난을 당하든지 낙심하거나 좌절하지 맙시다. 그러면 하나님께서 우리에게 고난을 주시는 까닭을 구체적으로 살펴봅시다.

첫째, 우리가 하나님의 자녀들이기 때문에 고난을 받습니다.

"영접하는 자 곧 그 이름을 믿는 자들에게는 하나님의 자녀가 우리가 예수 그리스도를 구세주로 믿고 얻는 가장 큰 복은 하나님의 자녀가 되는 것입니다(요 1:12-13). 또한 하나님께서 독생자를 보내신 목적도 우리에게 아들의 명분을 얻게 하시려는 것입니다.

우리는 하나님의 아들로서 하나님의 유업을 물려받는 상속자의 혜택을 누립니다(갈 4:7). 바울은 하나님께서 우리를 선택하시고 하나님의 자녀로 삼으신 것은 하늘의 신령한 복을 주시려고 창세전에 예정하신 일이라고 가르쳐줍니다(엡 1:3-4). 또한 우리를 하나님의 자녀로 삼으신 목적은 하나님의 은혜의 영광을 찬미하도록 하는 것입니다(엡 1:4-5).

그러면 우리가 하나님의 자녀라는 증거는 무엇입니까?

성령께서 친히 우리가 하나님의 자녀인 것을 증거하십니다. 즉 우리 안에 계신 성령께서 하나님을 아버지라 부르게 하십니다(롬 8:16). 누구든지 하나님을 아버지라 부른다면, 그것은 우리 안에 계시는 성령의 역사입니다. 따라서 우리가 하나님의 자녀라는 강력한 증거는 성령의 인도하심을 따라 하나님을 아버지라고 부르는 것입니다(갈 4:6).

그런데 하나님의 자녀들은 하나님의 유업을 상속할 뿐만 아니라 고난도 함께 받아야 합니다. 다시 말해서 하나님의 자녀들이 고난을 받는 까닭은 하나님의 유업을 상속할 자녀들이기 때문입니다.

"자녀이면 또한 후사 곧 하나님의 후사요 그리스도와 함께한 후사니 우리가 그와 함께 영광을 받기 위하여 고난도 함께 받아야 될 것이니라"(롬 8:17)

그러나 바울은 "생각건대 현재의 고난은 장차 우리에게 나타날 영광과 족히 비교할 수 없도다"(롬 8:18)라고 가르쳐줍니다. 하나님의 자녀들은 영원한 영광을 얻기 위하여 잠시 동안 이 땅에서 고난을 받아야 합니다.

둘째, 하나님께서 우리를 사랑하시기 때문에 고난을 주시기도 합니다.

요한계시록 2-3장에는 소아시아에 있던 일곱 교회에 보낸 예수님의 편지가 나옵니다. 즉 에베소, 서머나, 버가모, 두아디라, 사데, 빌라델비아, 라오디게아에 있던 교회들입니다.

그 가운데 첫 번째 교회 에베소교회에 보낸 편지에는 다음과 같은 예수님의 책망이 나옵니다.

"그러나 너를 책망할 것이 있나니 너의 처음 사랑을 버렸느니라"(계 2:4)

예수님의 책망은 여전히 에베소교회를 사랑하고 계심을 가르쳐줍니다. 만약 에베소교회가 처음 사랑을 버린 것처럼, 주님께서도 에베소교회를 사랑하시지 않는다면 결코 책망할 필요가 없습니다. 따라서 주님의 책망은 아직도 주님께서 에베소교회를 사랑하심을 보여줍니다.

이사야는 하나님께서 고통을 더하신 궁극적 목적은 평안을 주시려는 것이라고 가르쳐줍니다. 또한 우리를 고통에서 건져주시는 까닭은 하나님께서 사랑하시기 때문이라고 가르쳐줍니다.

> "보옵소서 내게 큰 고통을 더하신 것은 내게 평안을 주려 하심이라 주께서 나의 영혼을 사랑하사 멸망의 구덩이에서 건지셨고 나의 모든 죄는 주의 등 뒤에 던지셨나이다"(사 38:17)

예레미야는 북쪽 이스라엘의 중심 지파인 에브라임을 향한 하나님의 책망과 사랑의 메시지를 동시에 선포합니다. 왜냐하면 에브라임 지파는 하나님의 사랑하는 아들이기 때문입니다.

> "에브라임은 나의 사랑하는 아들 기뻐하는 자식이 아니냐 내가 그를 책망하여 말할 때마다 깊이 생각하노라 그러므로 그를 위하여 내 마음이 측은한즉 내가 반드시 그를 긍휼히 여기리라 여호와의 말이니라"(렘 31:20)

따라서 가장 비참한 상황이란 하나님의 징계나 책망이 아니라 하나님의 무관심입니다. 그러나 우리를 향하신 하나님의 사랑은 끝없는 사랑입니다(요 13:1). 동시에 그 어떤 것들도 끊을 수 없는 사랑입니다.

하나님께서 우리가 죄를 범할 때마다 우리를 포기하지 않고, 사랑의 채찍으로 징계하십니다. 그런 점에서 하나님의 징계란 하나님의 사랑의 또 다른 표현입니다.

히브리서 기자는 "내 아들아 주의 징계하심을 경히 여기지 말며 그에게 꾸지람을 받을 때에 낙심하지 말라 주께서 그 사랑하시는 자를 징계하시고 그의 받으시는 아들마다 채찍질하심이니라"(히 12:5-6)고 교훈합니다.

하나님께서 징계하시는 까닭은 우리가 하나님의 아들이기 때문입니다. 만약 하나님의 뜻을 어겼음에도 불구하고 징계가 없다면, 그것은 참 아들이 아니라는 증거입니다.

"너희가 참음은 징계를 받기 위함이라 하나님이 아들과 같이 너희를 대우하시나니 어찌 아비가 징계하지 않는 아들이 있으리요 징계는 다 받는 것이거늘 너희에게 없으면 사생자요 참 아들이 아니니라"(히 12:7-8)

또한 하나님의 자녀들은 징계를 받을 때에 더욱 더 하나님의 말씀에 순종하는 삶을 살려고 노력해야 합니다. 그런 관점에서 히브리서 기자는 다음과 같이 반문합니다.

"또 우리 육체의 아버지가 우리를 징계하여도 공경하였거든 하물며 모든 영의 아버지께 더욱 복종하여 살려 하지 않겠느냐"(히 12:9)

그 후에 히브리서 기자는 하나님의 징계를 받는 자들을 권고하고, 징계의 목적을 가르쳐줍니다.

"오직 하나님은 우리의 유익을 위하여 그의 거룩하심에 참예케 하시느니라 무릇 징계가 당시에는 즐거워 보이지 않고 슬퍼 보이나 후에 그로 말미암아 연달한 자에게는 의의 평강한 열매를 맺나니 그러므로 피곤한 손과 연약한 무릎을 일으켜 세우고 너희 발을 위하여 곧은 길을 만들어 저는 다리로 하여금

 101퍼센트의 사랑

셋째, 우리를 연단하기 위해 고난을 주십니다.

하나님의 유업을 상속할 자녀들을 징계하시는 또 다른 까닭은 연단하기 위함입니다.

누구든지 광야와 같은 인생길에서 하나님의 뜻을 어기면 징계를 받습니다. 그러나 그리스도인이 당하는 고난에는 두 종류가 있습니다.

하나는 야곱처럼 고난을 당하는 것입니다. 다른 하나는 요셉처럼 고난을 당하는 것입니다. 즉 야곱은 자신의 죄 때문에 고난을 당합니다. 그러나 요셉은 하나님의 계획과 섭리 때문에 고난을 당합니다.

(1) 야곱처럼 고난을 당할 때 - 회개하고 하나님께로 돌아와야 합니다.

사도 요한은 "무릇 내가 사랑하는 자를 책망하여 징계하노니 그러므로 네가 열심을 내라 회개하라"(계 3:19)고 촉구합니다.

징계란 하나님의 사랑을 보여주는 강력한 증거입니다. 따라서 징계를 받는 자는 하나님의 사랑을 깨달아야 합니다. 동시에 하나님의 징계를 통하여 과거를 회개하고 정리해야 합니다. 뿐만 아니라 자신을 사랑하신 하나님에 대한 열심을 회복해야 합니다.

솔로몬도 "대저 여호와께서 그 사랑하시는 자를 징계하시기를 마치 아비가 그 기뻐하는 아들을 징계함같이 하시느니라"(잠 3:12)고 이야기합니다.

사도 바울은 고린도교회 성도들에게 그들의 잘못을 책망하는 편지를 씁니다. 그러나 편지를 보내는 바울의 의도는 그들을 근심케 하려는 것이 아닙니다. 오히려 그들을 사랑하기 때문입니다.

> "내가 큰 환난과 애통한 마음이 있어 많은 눈물로 너희에게 썼노니 이는 너희로 근심하게 하려 한 것이 아니요 오직 내가 너희를 향하여 넘치는 사랑이 있음을 너희로 알게 하려 함이라"
> (고후 2:4)

하나님은 우리를 돌이키게 하기 위해 시험과 고난을 주시기도 합니다.

요나 선지자는 니느웨로 가라는 하나님의 명령을 어기고 다시스로 도망칩니다. 그러나 하나님께서 큰 배를 준비하십니다. 이어서 큰 풍랑과 큰 물고기를 준비하십니다. 결국 요나는 물고기 뱃속에서 삼일 삼야를 보내면서 기도한 후에 회심하고 니느웨로 갑니다.

요나처럼 고난이 올 때 하나님의 뜻을 헤아릴 줄 알아야 합니다. 내가 지금 하나님께서 뜻하신 길로 가고 있는지 돌아보고, 만약 하나님께서 원하시는 길이 아니라면 회개하고 돌아서야 합니다.

(2) 요셉처럼 고난을 당할 때 - 하나님의 섭리를 깨닫고 담대해야 합니다.

베드로는 불같은 시험을 당하는 형제들에게 다음과 같이 권면합니다.

> "사랑하는 자들아 너희를 시련하려고 오는 불 시험을 이상한

일 당하는 것같이 이상히 여기지 말고 오직 너희가 그리스도의
고난에 참예하는 것으로 즐거워하라 이는 그의 영광을 나타내
실 때에 너희로 즐거워하고 기뻐하게 하려 함이라 너희가 그리
스도의 이름으로 욕을 받으면 복 있는 자로다 영광의 영 곧 하
나님의 영이 너희 위에 계심이라 너희 중에 누구든지 살인이나
도적질이나 악행이나 남의 일을 간섭하는 자로 고난을 받지 말
려니와 만일 그리스도인으로 고난을 받은즉 부끄러워 말고 도
리어 그 이름으로 하나님께 영광을 돌리라"(벧전 4:12-16)

성숙한 그리스도인은 시편 기자처럼 자기를 향하신 하나님의 사랑
과 섭리를 깨닫습니다. 또한 시편 기자처럼 "고난 당하기 전에는 내가
그릇 행하였더니 이제는 주의 말씀을 지키나이다"(시 119:67)라는 믿
음의 고백을 합니다. 그는 한 걸음 더 나아가서 "고난 당한 것이 내게
유익이라 이로 인하여 내가 주의 율례를 배우게 되었나이다"(시
119:71)라고 간증합니다.

누구든지 고난 가운데 있는 동안에는 마침내 복 주시려는 하나님의
계획과 섭리를 깨달아야 합니다.

"너를 인도하여 그 광대하고 위험한 광야 곧 불뱀과 전갈이 있
고 물이 없는 간조한 땅을 지나게 하셨으며 또 너를 위하여 물
을 굳은 반석에서 내셨으며 네 열조도 알지 못하던 만나를 광
야에서 네게 먹이셨나니 이는 다 너를 낮추시며 너를 시험하
사 마침내 네게 복을 주려 하심이었느니라"(신 8:15-16)

그리고 하나님께서 우리가 고난 당할 때에 피할 길을 주시고 승리하

게 해 주심을 믿고 담대해야 합니다.

"사람이 감당할 시험밖에는 너희에게 당한 것이 없나니 오직 하나님은 미쁘사 너희가 감당치 못할 시험당함을 허락지 아니하시고 시험당할 즈음에 또한 피할 길을 내사 너희로 능히 감당하게 하시느니라"(고전 10:13)

"그러나 이 모든 일에 우리를 사랑하시는 이로 말미암아 우리가 넉넉히 이기느니라"(롬 8:37)

"내가 그리스도와 함께 십자가에 못 박혔나니
그런즉 이제는 내가 산 것이 아니요
오직 내 안에 그리스도께서 사신 것이라
이제 내가 육체 가운데 사는 것은 나를 사랑하사
나를 위하여 자기 몸을 버리신 하나님의 아들을
믿는 믿음 안에서 사는 것이라" (갈 2:20)

제3부

하나님을 향한 사람의 사랑

1. 하나님을 사랑하는 삶의 다섯 가지 목적

"예수께서 가라사대 네 마음을 다하고 목숨을 다하고 뜻을 다하여 주 너의 하나님을 사랑하라 하셨으니 이것이 크고 첫째 되는 계명이요 둘째는 그와 같으니 네 이웃을 네 몸과 같이 사랑하라 하셨으니 이 두 계명이 온 율법과 선지자의 강령이니라"(마 22:37-40)

"예수께서 나아와 일러 가라사대 하늘과 땅의 모든 권세를 내게 주셨으니 그러므로 너희는 가서 모든 족속으로 제자를 삼아 아버지와 아들과 성령의 이름으로 세례를 주고 내가 너희에게 분부한 모든 것을 가르쳐 지키게 하라 볼지어다 내가 세상 끝날까지 너희와 항상 함께 있으리라 하시니라"(마 28:18-20)

하나님을 사랑하는 사람은 예수님의 "지상계명"(至上誡命; 마 22:37-40)과 "지상명령"(至上命令; 마 28:18-20)을 지켜야 합니다.

지상계명과 지상명령은 하나님의 말씀 가운데 가장 큰 계명과 가장 큰 명령입니다. 예수님께서 가르쳐주신 지상계명과 지상명령은 우리가 하나님을 사랑하면서 지켜야 할 다섯 가지 삶의 목적을 가르쳐줍니다.

지상계명의 내용은 "하나님 사랑"과 "이웃 사랑"입니다. 지상명령의 내용은 "가서 전하라"와 "세례를 주라"와 "가르쳐 지키게 하라"입니다.

"하나님 사랑"을 실천하는 가장 중요한 방법은 예배를 드리는 것입니다. "이웃 사랑"을 실천하는 것은 은사와 달란트에 따라서 사역하는 것입니다.

"가서 전하라"는 것은 전도하는 삶입니다. "세례를 주라"는 것은 교제하는 삶입니다. 세례는 기독교의 입문 의식으로 세례를 받아야 교회의 정식 멤버가 되고, 공적으로 하나님의 자녀가 됩니다. 진정한 교제는 하나님의 자녀로 인정받은 세례교인들 사이에 이루어집니다. "가르쳐 지키게 하라"는 그리스도의 장성한 분량이 충만한 데까지 믿음이 자라도록 양육하는 삶입니다.

다섯 가지를 구원의 순서대로 다시 정리하면 다음과 같습니다.

제일 먼저 세상을 향하여 복음을 전하는 "전도"의 삶을 살아야 합니다. 그 후에 전도한 사람들과 함께 하나님의 보좌 앞에 나아와서 "예배"를 드려야 합니다. 예배를 통하여 은혜를 받고 믿음이 생기면 성부와 성자와 성령의 이름으로 세례를 받아야 합니다. 세례를 받은 후에는 성도 사이에 "교제"가 이루어집니다. 그 후에는 하나님의 사람으로 본격적인 "양육"을 받아야 합니다. 그리스도의 장성한 분량이 충만한 데까지 믿음이 자라야 합니다. 마지막으로 은사와 달란트에 따라서 섬기는 "사역"에 힘써야 합니다.

즉 "전도, 예배, 교제, 양육, 사역"이 지상계명과 지상명령에 나타난 그리스도인의 삶의 목적입니다. 하나님을 사랑하는 사람들이 지켜야할 다섯 가지 삶의 목적을 차례대로 살펴봅시다.

첫째, 하나님을 사랑하는 자는 전도해야 합니다.

사도 바울의 삶은 한 마디로 전도의 삶입니다. 다메섹 도상에서 만난 예수님의 사랑을 깨달은 사도 바울은 생명을 바쳐서 이방인을 위한 전도에 전념합니다.

주님께서 아나니아 선지자를 통하여 사도 바울에게 이방선교의 사명을 깨우쳐줍니다.

"이 사람은 내 이름을 이방인과 임금들과 이스라엘 자손들 앞에 전하기 위하여 택한 나의 그릇이라 그가 내 이름을 위하여 해를 얼마나 받아야 할 것을 내가 그에게 보이리라"(행 9:15-16)

바울은 아나니아에게 안수를 받자 눈에서 비늘이 떨어집니다. 그는 육체의 시력을 회복함과 동시에 신령한 세계를 바라보는 안목이 열립니다. 그 후부터 그는 온갖 위험을 무릅쓰고 이방선교에 전념합니다(고후 11:22-33).

그는 죽음도 두려워하지 않습니다.

"오직 성령이 각 성에서 내게 증거하여 결박과 환난이 나를 기

바울의 삶에서 가장 행복한 일은 십자가의 도를 전하는 것입니다. 바울은 다메섹 도상에서 예수님을 만난 후에 회심하여 새사람이 됩니다. 바울의 삶은 사도행전의 후반부를 장식합니다. 1차 전도여행(행 13:1-14:28), 2차 전도여행(행 15:36-18:22), 3차 전도여행(행 18:23-21:26), 로마여행(행 21:27-행 28:31)에 이르기까지 전도의 삶에 집중합니다.

또한 그는 믿음의 아들 디모데에게 모든 사람을 구원하는 일이 가장 중요한 하나님의 뜻이라고 이야기합니다.

동시에 그는 디모데에게 자신처럼 전도의 사람이 되라고 강권합니다.

성령이 충만한 사도 바울은 복음을 전하지 않고는 견딜 수 없는 심정으로 전도에 전념합니다.

베드로도 천년이 하루같이 변함없는 하나님의 뜻을 강조합니다. 하나님께서는 모든 사람이 회개하고 구원받기를 원하십니다.

흔히 사도 바울을 이방인의 사도라 부릅니다. 그러나 실제로 이방선교의 문을 연 사람은 사도 베드로입니다.

사도행전 10장을 보면 베드로가 하나님의 지시를 받고 이방인 백부장 고넬료의 집에 심방을 갑니다. 당시로서는 유대인과 이방인이 교제하는 것은 위법입니다. 그러나 하나님께서 기도하던 베드로에게 세 번씩이나 동일한 환상을 보여주십니다. 하나님께서 깨끗하다고 하신 것을 부정하게 생각하지 말라고 베드로에게 지시하십니다. 하나님의 지시를 받은 베드로는 고넬료를 찾아갑니다. 베드로는 자신을 영접하는 고넬료에게 자신을 초청한 까닭을 묻습니다.

베드로는 하나님의 지시를 받고 자기를 초청한 고넬료의 이야기를 듣고, 놀라운 진리를 깨닫습니다. 즉 하나님께서는 사람의 외모를 취하지 않으십니다. 베드로의 이와 같은 깨달음이 이방선교의 문을 여는 결정적 계기가 됩니다.

＂내가 참으로 하나님은 사람의 외모를 취하지 아니하시고 각
　　나라 중 하나님을 경외하며 의를 행하는 사람은 하나님이 받
　　으시는 줄 깨달았도다＂(행 10:34-35)

따라서 하나님을 사랑하고 하나님께서 사랑하는 사람들은 베드로
의 깨달음을 마음에 새겨야 합니다. 동시에 주님의 날을 사모하며 전도
의 사명을 다해야 합니다.

둘째, 하나님을 사랑하는 자는 하나님께 예배드려야 합니다.

베드로의 삶은 기도와 말씀에 전무하는 예배의 삶입니다.

예수님께서 승천하신 후에 사도 베드로는 사도들과 120명의 성도들
과 함께 예수님의 분부를 따라서 기도에 전무합니다.

＂제자들이 감람원이라 하는 산으로부터 예루살렘에 돌아오니
　　이 산은 예루살렘에서 가까와 안식일에 가기 알맞은 길이라 들
　　어가 저희 유하는 다락에 올라가니 베드로, 요한, 야고보, 안
　　드레와 빌립, 도마와 바돌로매, 마태와 및 알패오의 아들 야고
　　보, 셀롯인 시몬, 야고보의 아들 유다가 다 거기 있어 여자들
　　과 예수의 모친 마리아와 예수의 아우들로 더불어 마음을 같
　　이하여 전혀 기도에 힘쓰니라＂(행 1:12-14)

복음서의 제자들을 생각해 보면, 이것은 놀라운 일입니다. 예수님께
서 십자가의 죽음을 앞에 두고 겟세마네 동산에서 기도하십니다. 그러
나 베드로를 비롯한 제자들은 그 밤에도 잠을 자던 사람들입니다. 그런
데 사도행전의 베드로와 제자들은 기도에 전무합니다.

또한 베드로는 말씀을 전하는 사람이 됩니다. 베드로는 가룟 유다를 대신할 사도의 보궐 선거를 위하여 첫 번째 말씀을 선포합니다.

"모인 무리의 수가 한 일백이십 명이나 되더라 그 때에 베드로가 그 형제 가운데 일어서서 가로되 형제들아 성령이 다윗의 입을 의탁하사 예수 잡는 자들을 지로한 유다를 가리켜 미리 말씀하신 성경이 응하였으니 마땅하도다"(행 1:15-16)

베드로는 기도에 전무하여 성령 충만을 체험합니다. 또한 베드로는 오순절에 성령 충만을 체험한 직후에 설교를 합니다. 그는 제자들을 비난하는 자들을 향하여 요엘 2:28-32의 말씀을 중심으로 하나님의 말씀을 선포합니다. 베드로가 성령의 능력으로 말씀을 선포하고, 그 날에 말씀을 들은 사람들 가운데 3,000명이나 회개하고 세례를 받습니다(행 2:41).

그런데 그 후 사도들은 기도와 말씀을 제쳐놓고 매일 구제에 힘을 씁니다. 결국 초대교회는 원망의 소용돌이에 휩싸입니다(행 6:1-2). 그 때에 베드로와 사도들은 자기들의 잘못을 깨닫습니다. 그들은 "우리는 기도하는 것과 말씀 전하는 것을 전무하리라"(행 6:4)고 다짐합니다. 그 결과 또 다시 놀라운 결과가 나타납니다.

"하나님의 말씀이 점점 왕성하여 예루살렘에 있는 제자의 수가 더 심히 많아지고 허다한 제사장의 무리도 이 도에 복종하니라"(행 6:7)

이와 같이 베드로와 사도들은 또 다시 기도와 말씀에 전무합니다. 즉 그들의 일과는 예배드리는 일에 집중합니다. 주님의 사랑을 확신하는 베드로는 기도에 전무하여 성령 충만을 받고, 말씀을 전하며, 예배를 인도합니다.

하나님을 사랑하는 베드로와 제자들에게 가장 쉽고 행복한 일은 성령 충만하여 기도와 말씀에 전무하여 예배드리는 것입니다.

셋째, 하나님을 사랑하는 자는 세례받고 주 안에서 교제하며 살아야 합니다.

초대교회 성도들의 삶은 날마다 주 안에서 교제하는 삶입니다. 오순절에 성령 충만을 받은 베드로가 말씀을 전합니다. 그 때에 말씀을 듣고 3,000명이 예수님의 제자가 됩니다. 그 후에 그들은 사도들의 가르침을 받고 교제를 나눕니다.

> "그 말을 받는 사람들은 세례를 받으매 이날에 제자의 수가 삼천이나 더하더라 저희가 사도의 가르침을 받아 서로 교제하며 떡을 떼며 기도하기를 전혀 힘쓰니라"(행 2:41-42)

특별히 그들은 빈부귀천을 떠나서 유무상통하는 참된 교제에 동참합니다.

> "사람마다 두려워하는데 사도들로 인하여 기사와 표적이 많이 나타나니 믿는 사람이 다 함께 있어 모든 물건을 서로 통용하고 또 재산과 소유를 팔아 각 사람의 필요를 따라 나눠 주고 날마다 마음을 같이하여 성전에 모이기를 힘쓰고 집에서 떡을 떼며 기쁨과 순전한 마음으로 음식을 먹고 하나님을 찬미하며 또 온 백성에게 칭송을 받으니 주께서 구원받는 사람을 날마다 더하게 하시니라"(행 2:43-47)

그런데 더욱 놀라운 것은 믿는 무리가 한 마음과 한 뜻이 되어 모든 물건을 서로 통용하고 재물을 조금이라도 제 것이라 하는 이가 없었습니다. 만약 오늘날 이와 같은 집단이 존재한다면, 세상 사람들은 미친 사람들이라고 부를 것입니다. 그러나 초대교회 성도들은 미친 것이 아니라 성령 충만의 결과로 욕심이 사라진 것입니다. 특별히 예수님의 사랑을 깨닫고, 서로 사랑하라는 새 계명을 실천한 것입니다.

"새 계명을 너희에게 주노니 서로 사랑하라 내가 너희를 사랑한 것같이 너희도 서로 사랑하라 너희가 서로 사랑하면 이로써 모든 사람이 너희가 내 제자인 줄 알리라"(요 13:34-35)

초대교회 성도들처럼 주님의 사랑을 깨닫고 진정으로 거듭난다면, 빈부귀천(貧富貴賤)을 초월한 유무상통(有無相通)의 교제도 결코 어렵지 않습니다.

넷째, 하나님을 사랑하는 자는 예수님의 제자로 양육받아야 합니다.

사도 바울은 고린도교회 성도들에게 "너희는 나를 본받는 자 되라"(고전 4:16)고 권면합니다. 그는 디모데를 통하여 양육받은 성도들이 성숙하고 건강한 성도들로 자라나길 원합니다.

"이를 인하여 내가 주 안에서 내 사랑하고 신실한 아들 디모데를 너희에게 보내었노니 저가 너희로 하여금 그리스도 예수 안에서 나의 행사 곧 내가 각처 각 교회에서 가르치는 것을 생각나게 하리라"(고전 4:17)

또한 그는 에베소교회 성도들에게 하나님을 본받는 자가 되라고 권면합니다.

> "그러므로 사랑을 입은 자녀같이 너희는 하나님을 본받는 자가 되고 그리스도께서 너희를 사랑하신 것같이 너희도 사랑 가운데서 행하라"(엡 5:1-2)

또한 바울이 강조하는 양육의 최종 목표는 범사에 그리스도만큼 자라는 것입니다.

> "우리가 다 하나님의 아들을 믿는 것과 아는 일에 하나가 되어 온전한 사람을 이루어 그리스도의 장성한 분량이 충만한 데까지 이르리니 이는 우리가 이제부터 어린아이가 되지 아니하여 사람의 궤술과 간사한 유혹에 빠져 모든 교훈의 풍조에 밀려 요동치 않게 하려 함이라 오직 사랑 안에서 참된 것을 하여 범사에 그에게까지 자랄지라 그는 머리니 곧 그리스도라"(엡 4:13-15)

한편 바울이 강조하는 양육의 방법은 성경으로 교육하는 것입니다. 왜냐하면 성경은 믿음으로 말미암아 구원에 이르는 지혜를 주기 때문입니다.

> "그러나 너는 배우고 확신한 일에 거하라 네가 뉘게서 배운 것을 알며 또 네가 어려서부터 성경을 알았나니 성경은 능히 너로 하여금 그리스도 예수 안에 있는 믿음으로 말미암아 구원에 이르는 지혜가 있게 하느니라"(딤후 3:14-15)

또한 하나님의 감동으로 이루어진 성경은 하나님의 사람을 온전케 만들기 때문입니다.

양육이란 "내가 너희에게 분부한 모든 것을 가르쳐 지키게 하라 볼지어다 내가 세상 끝날까지 너희와 항상 함께 있으리라" (마 28:20)는 주님의 지상명령을 준행하는 것입니다.

다섯째, 하나님을 사랑하는 자는 사역해야 합니다.

사역은 하나님께서 주신 은사대로 봉사하는 것입니다. 바울은 몸의 비유를 통하여 하나님께서 교회를 세우기 위하여 허락하신 은사의 다양성과 통일성을 설명합니다.

그는 "우리가 한 몸에 많은 지체를 가졌으나 모든 지체가 같은 직분을 가진 것이 아니니 이와 같이 우리 많은 사람이 그리스도 안에서 한 몸이 되어 서로 지체가 되었느니라" (롬 12:4-5)고 이야기합니다.

이와 같이 유기적으로 연합한 다양한 지체가 한 몸을 이룹니다. 마찬가지로 다양한 은사를 통하여 그리스도의 몸인 교회를 세워야 합니다. 특별히 다양한 은사를 주신 분은 삼위 하나님이십니다.

바울은 "은사는 여러 가지나 성령은 같고 직임은 여러 가지나 주는 같으며 또 역사는 여러 가지나 모든 것을 모든 사람 가운데서 역사하시는 하나님은 같으니" (고전 12:4-6)라고 이야기합니다.

따라서 다양한 은사는 삼위 하나님 안에서 통일성을 이루어야 합니다.

신약성경에 나오는 은사의 종류는 매우 다양합니다. 바울은 먼저 로마서 12장에서 다양한 은사를 언급합니다.

> "우리에게 주신 은혜대로 받은 은사가 각각 다르니 혹 예언이면 믿음의 분수대로, 혹 섬기는 일이면 섬기는 일로, 혹 가르치는 자면 가르치는 일로, 혹 권위하는 자면 권위하는 일로, 구제하는 자는 성실함으로, 다스리는 자는 부지런함으로, 긍휼을 베푸는 자는 즐거움으로 할 것이니라"(롬 12:6-8)

그는 고린도전서 12장에서도 다양한 은사를 언급합니다.

> "어떤 이에게는 성령으로 말미암아 지혜의 말씀을, 어떤 이에게는 같은 성령을 따라 지식의 말씀을, 다른 이에게는 같은 성령으로 믿음을, 어떤 이에게는 한 성령으로 병 고치는 은사를, 어떤 이에게는 능력 행함을, 어떤 이에게는 예언함을, 어떤 이에게는 영들 분별함을, 다른 이에게는 각종 방언 말함을, 어떤 이에게는 방언들 통역함을 주시나니 이 모든 일은 같은 한 성령이 행하사 그 뜻대로 각 사람에게 나눠 주시느니라"(고전 12:8-11)

마지막으로 그는 에베소서 4장에서 다양한 은사를 언급합니다.

> "그가 혹은 사도로, 혹은 선지자로, 혹은 복음 전하는 자로, 혹은 목사와 교사로 주셨으니 이는 성도를 온전케 하며 봉사의 일을 하게 하며 그리스도의 몸을 세우려 하심이라"(엡 4:11-12)

바울은 하나님께서 이처럼 다양한 은사를 주신 목적은 다른 사람에게 유익을 주기 위함이라고 강조합니다.

만약 어떤 사람이 병 고치는 은사가 있다면, 그 사람을 통하여 많은 병자들이 유익을 얻을 것입니다. 물론 본인도 병자들을 치유하는 기쁨을 누릴 것입니다. 그러나 육체적으로는 얼마나 힘든 일이겠습니까? 은사를 주신 목적은 본인이 아니라 다른 사람들의 유익을 위한 것입니다.

예수님께서는 오병이어의 기적을 행하신 분이십니다. 그러나 예수님 자신을 위해서는 보리떡 하나도 만들지 않으신 분이십니다. 은사의 목적이 자신의 유익을 구하는 것이 아니라 다른 사람들에게 유익을 주는 것이기 때문입니다.

그런 차원에서 베드로는 선한 청지기로서 봉사하는 원칙을 "하나님의 영광"을 위한 것이라고 밝혀줍니다.

"각각 은사를 받은 대로 하나님의 각양 은혜를 맡은 선한 청지기같이 서로 봉사하라 만일 누가 말하려면 하나님의 말씀을 하는 것같이 하고 누가 봉사하려면 하나님의 공급하시는 힘으로 하는 것같이 하라 이는 범사에 예수 그리스도로 말미암아 하나님이 영광을 받으시게 하려 함이니 그에게 영광과 권능이 세세에 무궁토록 있느니라 아멘"(벧전 4:10-11)

하나님을 사랑한다면 내게 주신 은사를 따라 봉사하는 사역자의 삶을 살아야 합니다.

2. 하나님을 사랑하는 예배의 네 가지 요소

"예수께서 대답하시되 첫째는 이것이니 이스라엘아 들으라 주 곧 우리 하나님은 유일한 주시라 네 마음을 다하고 목숨을 다하고 뜻을 다하고 힘을 다하여 주 너의 하나님을 사랑하라 하신 것이요 둘째는 이것이니 네 이웃을 네 몸과 같이 사랑하라 하신 것이라 이에서 더 큰 계명이 없느니라"(막 12:29-31)

하나님을 사랑하는 삶의 다섯 가지 목적은 전도, 예배, 교제, 양육, 사역입니다.

그 가운데서 하나님을 사랑하는 일은 예배를 드리는 것입니다. 다윗은 "나의 힘이 되신 여호와여 내가 주를 사랑하나이다"(시 18:1)라고 노래합니다. 다윗의 노래처럼 하나님을 사랑하는 최선의 방법은 하나님께 예배드리는 것입니다.

그러면 하나님을 사랑하는 예배의 네 가지 요소는 무엇입니까? 공관복음에 나오는 예수님의 "지상계명"(至上誡命)을 살펴보면, 예배의 네 가지 구체적 요소를 가르쳐줍니다.

마태복음에는 한 율법사가 예수님을 시험하여 "선생님이여 율법 중에 어느 계명이 크니이까"(마 22:36)라고 묻습니다. 그 때에 예수님께서 주신 대답을 "지상계명"이라 부릅니다.

예수님의 "지상계명"은 "하나님 사랑"과 "이웃 사랑"의 두 가지를 이야기합니다. 즉 모든 율법과 선지자의 대강령을 "하나님 사랑"과 "이웃 사랑"으로 정리하십니다.

> "예수께서 가라사대 네 마음을 다하고 목숨을 다하고 뜻을 다하여 주 너의 하나님을 사랑하라 하셨으니 이것이 크고 첫째 되는 계명이요 둘째는 그와 같으니 네 이웃을 네 몸과 같이 사랑하라 하셨으니 이 두 계명이 온 율법과 선지자의 강령이니라"(마 22:37-40)

마가복음에 나오는 지상계명은 다음과 같습니다. 마가는 "힘을 다하여" 하나님을 사랑하라는 구절을 첨가합니다.

> "네 마음을 다하고 목숨을 다하고 뜻을 다하고 힘을 다하여 주 너의 하나님을 사랑하라 하신 것이요 둘째는 이것이니 네 이웃을 네 몸과 같이 사랑하라 하신 것이라 이에서 더 큰 계명이 없느니라"(막 12:30-31)

누가복음에는 한 율법사가 예수님을 시험하여 "내가 무엇을 하여야 영생을 얻으리이까"(눅 10:25)라고 묻습니다. 주님께서 "율법에 무엇이라 기록되었으며 네가 어떻게 읽느냐"(눅 10:26)라고 반문하십니다. 그러자 율법사는 "네 마음을 다하며 목숨을 다하며 힘을 다하며 뜻을 다하여 주 너의 하나님을 사랑하고 또한 네 이웃을 네 몸과 같이 사랑하라 하였나이다"(눅 10:27)라고 대답합니다. 누가도 마가처럼 율법사의 대답에 "힘을 다하여"를 첨가합니다.

 101퍼센트의 사랑

마태와 마가와 누가의 기록을 종합해 보면 하나님을 사랑하는 예배의 네 가지 요소가 나타납니다.

마태는 "네 마음을 다하고 목숨을 다하고 뜻을 다하여 주 너의 하나님을 사랑하라"고 합니다(마 22:37). 마가는 "네 마음을 다하고 목숨을 다하고 뜻을 다하고 힘을 다하여 주 너의 하나님을 사랑하라" (막 12:30)고 합니다. 누가는 "네 마음을 다하며 목숨을 다하며 힘을 다하며 뜻을 다하여 주 너의 하나님을 사랑하라" (눅 10:27)고 합니다.

따라서 하나님을 사랑하는 예배의 네 가지 요소는 마음을 다하여 찬송하고, 목숨을 다하여 기도하고, 뜻을 다하여 말씀듣고, 힘을 다하여 봉헌하는 것입니다.

차례대로 하나님 사랑을 실천하는 예배의 네 가지 요소를 살펴봅시다.

첫째, 마음을 다하여 하나님께 찬양해야 합니다.

찬송은 마음을 다하여 하나님을 사랑하는 구체적 방법입니다. 마음을 다하여 찬송하면 마음의 문이 열립니다. 야고보는 "너희 중에 고난당하는 자가 있느냐 저는 기도할 것이요 즐거워하는 자가 있느냐 저는 찬송할지니라" (약 5:13)고 권면합니다. 동시에 야고보는 혀의 위험성을 강조하면서 한 입에서 찬송과 저주가 동시에 나오는 것은 마땅치 않다고 경고합니다(약 3:6-10).

종교개혁 당시를 살펴보면 하나님을 찬양할 때에 주로 시편을 사용합니다. 당시의 기준으로 보면 오늘날 교회가 사용하는 찬송가는 복음성가들입니다. 그러나 세월이 흐르면서 현재의 찬송가로 들어옵니다.

시편의 찬송들이 "직접 찬양"이라면, 복음성가들은 "간접 찬양"이라 할 수 있습니다. 직접 찬양이란 하나님께 찬양하고, 하나님을 찬양하고, 하나님만 찬양하는 것입니다. 반면에 간접 찬양이란 개인의 신앙적 체험을 바탕으로 하나님을 찬양하는 것입니다.

시편 전체는 "복 있는 사람은"(시 1:1)으로 시작하여 "할렐루야"(시 150:6)로 마칩니다. 특별히 시편의 결론인 시편 150편은 할렐루야 시편의 하나로 다음과 같이 찬양합니다.

"할렐루야 그 성소에서 하나님을 찬양하며 그 권능의 궁창에서 그를 찬양할지어다 그의 능하신 행동을 인하여 찬양하며 그의 지극히 광대하심을 좇아 찬양할지어다 나팔 소리로 찬양하며 비파와 수금으로 찬양할지어다 소고 치며 춤추어 찬양하며 현악과 퉁소로 찬양할지어다 큰소리 나는 제금으로 찬양하며 높은 소리 나는 제금으로 찬양할지어다 호흡이 있는 자마다 여호와를 찬양할지어다 할렐루야"(시 150:1-6)

대다수 복음성가는 개인적으로 체험한 영적 깨달음 가운데 하나님의 사랑과 은혜를 노래합니다. 그러나 간증이란 자칫 잘못하면, 하나님께 영광을 돌리지 않고 자기 자랑을 할 수 있습니다.

찬송은 하나님께 영광을 돌리는 것입니다. 민족과 시대에 따라서 선호하는 찬송의 곡조는 달라질 수 있습니다. 그렇지만 찬송의 가사는 항상 하나님을 찬양하는 내용이어야 합니다.

구약시대에 믿음의 선진들은 하나님의 은혜와 기적을 체험할 때에 주로 찬양으로 영광을 돌립니다. 신약시대에도 예수님과 사도들도 하나님의 은혜를 체험할 때마다 찬양으로 하나님을 향한 사랑을 고백합니다.

(1) 구약시대의 찬양

홍수 후에 노아는 "셈의 하나님 여호와를 찬송하리로다"(창 9:26)라고 찬양합니다. 이것은 노아가 자신의 하체를 덮어준 셈을 축복하는 찬양입니다.

멜기세덱은 "너희 대적을 네 손에 붙이신 지극히 높으신 하나님을 찬송할지로다"(창 14:20)라고 찬양합니다. 이것은 아브라함에게 승리의 기쁨을 주신 하나님께 감사하는 찬양입니다.

이삭의 배필을 찾아 밧단 아람으로 아브라함의 심부름을 간 늙은 종 엘리에셀은 하나님의 인도하심으로 리브가를 만난 후에 "나의 주인 아브라함의 하나님 여호와를 찬송하나이다 … 여호와께서 길에서 나를 인도하사 내 주인의 동생 집에 이르게 하셨나이다"(창 24:27)라고 찬양합니다.

레아는 네 번째 아들 유다를 낳은 후에 "내가 이제는 여호와를 찬송하리로다"(창 29:35)라고 노래합니다. 유다란 이름은 "그분을 찬양하자!"라는 뜻입니다.

그 후에 죽음을 앞에 둔 야곱이 열두 아들의 미래를 예언하면서 유다에게 다음과 같이 축복합니다.

> "유다야 너는 네 형제의 찬송이 될지라 네 손이 네 원수의 목을 잡을 것이요 네 아비의 아들들이 네 앞에 절하리로다"(창 49:8)

그 결과 야곱의 열두 아들 가운데 네 번째 아들 유다가 장자의 복을 받습니다. 그러면 유다가 복을 받은 까닭은 무엇입니까? 그것은 유다를 낳고 찬송하던 그의 어머니 레아의 소원대로 하나님께서 유다에게 복을 주신 결과입니다.

모세와 이스라엘 자손은 홍해 바다를 건넌 후에 하나님께 찬양합니다.

"내가 여호와를 찬송하리니 그는 높고 영화로우심이요 말과 그 탄 자를 바다에 던지셨음이로다 여호와는 나의 힘이요 노래시며 나의 구원이시로다 그는 나의 하나님이시니 내가 그를 찬송할 것이요 내 아비의 하나님이시니 내가 그를 높이리로다"(출 15:1)

그 후에 미리암과 여인들이 춤을 추면서 "여호와를 찬송하라 그는 높고 영화로우심이요 말과 그 탄 자를 바다에 던지셨음이로다"(출 15:21)라고 화답합니다.

모세는 이스라엘 백성들에게 젖과 꿀이 흐르는 가나안의 복을 주실 하나님께 찬양합니다.

"네 하나님 여호와께서 너로 아름다운 땅에 이르게 하시나니 그곳은 골짜기에든지 산지에든지 시내와 분천과 샘이 흐르고 밀과 보리의 소산지요 포도와 무화과와 석류와 감람들의 나무와 꿀의 소산지라 너의 먹는 식물의 결핍함이 없고 네게 아무 부족함이 없는 땅이며 그 땅의 돌은 철이요 산에서는 동을 캘 것이라 네가 먹어서 배불리고 네 하나님 여호와께서 옥토로 네

 101퍼센트의 사람

다윗은 70편이 넘는 시편을 남긴 찬양의 사람입니다. 아비가일은 떡과 포도주를 가지고 찾아와서 나발에 대한 다윗의 분노를 가라앉힙니다. 그 때에 다윗은 아비가일을 바라보면서 "오늘날 너를 보내어 나를 영접케 하신 이스라엘의 하나님 여호와를 찬송할지로다"라고 찬양합니다(삼상 25:32).

그 후에 다윗은 나발의 죽음에 대한 소식을 듣습니다. 또 다시 그는 나발을 죽이지 않도록 막아주신 하나님의 뜻을 깨닫고 찬양합니다.

다윗은 아도니야 반역을 평정한 후에 솔로몬에게 왕위를 계승하면서 찬양합니다. 그는 "이스라엘의 하나님 여호와를 찬송하리로다 여호와께서 오늘날 내 위에 앉을 자를 주사 나로 목도하게 하셨도다"(왕상 1:48)라고 하나님께 찬송합니다.

다윗은 법궤를 예루살렘으로 옮긴 후에 찬양대를 세워 성전에서 찬송하는 일을 맡깁니다(대상 6:31-33). 그들은 새벽과 저녁으로 여호와를 찬양하는 일에 전념합니다(대상 9:33; 23:30).

솔로몬은 성전봉헌 기도를 마친 후에 하나님께 찬양하고, 이스라엘 온 회중을 축복합니다. 그는 "여호와를 찬송할지로다 저가 무릇 허하신대로 그 백성 이스라엘에게 태평을 주셨으니 그 종 모세를 빙자하여 무릇 허하신 그 선한 말씀이 하나도 이루지 않음이 없도다"(왕상 8:56)라고 찬양합니다.

욥은 큰 재앙이 찾아왔으나 하나님을 향하여 어리석게 원망하지 않습니다. 그 대신에 욥은 하나님을 찬양합니다.

> "가로되 내가 모태에서 적신이 나왔사온즉 또한 적신이 그리로 돌아가올지라 주신 자도 여호와시요 취하신 자도 여호와시오니 여호와의 이름이 찬송을 받으실지니이다 하고 이 모든 일에 욥이 범죄하지 아니하고 하나님을 향하여 어리석게 원망하지 아니하니라"(욥 1:21-22)

그 결과 욥은 모든 환난을 통과하고, 마침내 갑절의 복을 받습니다.

(2) 신약시대의 찬양

동정녀 마리아가 예수님을 낳던 그 밤에 천군 천사의 찬양이 하늘에 울려퍼집니다. 그들은 아기 예수님의 탄생을 축하하면서 "홀연히 허다한 천군이 그 천사와 함께 있어 하나님을 찬송하여 가로되 지극히 높은 곳에서는 하나님께 영광이요 땅에서는 기뻐하심을 입은 사람들 중에 평화로다 하니라"(눅 2:13-14)고 하나님께 찬양합니다. 그 모습을 목격한 목자들도 하나님께 찬양하고 영광을 돌립니다(눅 2:20).

시므온은 성령의 감동을 받아 마침 성전에 전례를 행하러 온 아기 예수님을 안고 하나님께 찬양합니다(눅 2:27-28). 요셉과 마리아는 아기 예수님을 찬양하는 시므온의 말들을 기이히 여깁니다(눅 2:33).

> "주재여 이제는 말씀하신 대로 종을 평안히 놓아 주시는도다 내 눈이 주의 구원을 보았사오니 이는 만민 앞에 예비하신 것

예수님께서 종려주일에 예루살렘에 입성할 때에 어린이들이 "호산나 다윗의 자손이여"라고 찬양합니다. 그 때에 대제사장들과 서기관들은 분노합니다(마 21:15). 주님께서 그들을 향하여 "어린 아기와 젖먹이들의 입에서 나오는 찬미를 온전케 하셨나이다 함을 너희가 읽어 본 일이 없느냐"라고 반문하십니다(마 21:16).

또한 예수님께서 유월절 만찬을 마치시고, 제자들과 함께 찬양하면서 겟세마네 동산으로 기도하러 가십니다(마 26:30; 막 14:26).

오순절에 성령 충만을 받은 사도들과 초대교회 성도들은 성전과 집에서 날마다 하나님을 찬송합니다.

성전에 기도하러 올라가던 베드로는 성전 미문에 있던 앉은뱅이를 고쳐줍니다. 그러자 그는 걷기도 하고 뛰기도 하면서 하나님을 찬미하며 성전에 들어갑니다(행 3:6-10).

바울과 실라가 빌립보 감옥에서 원망하는 대신에 찬송하자 한 밤중에 기적이 일어납니다.

또한 사도 바울은 "시와 찬미와 신령한 노래들로 서로 화답하며 너희의 마음으로 주께 노래하며 찬송하라"(엡 5:19)고 권면합니다. 또한 바울은 방언으로 찬양하지 말고 영으로 찬양하라고 이야기합니다.

바울은 창세전에 우리를 선택하셔서 하나님의 자녀를 삼으신 까닭은 하나님께서 주신 은혜의 영광을 찬미하게 하려는 것이라고 이야기합니다(엡 1:3-6). 또한 우리를 성령으로 인치시고 하나님의 기업으로 삼으신 까닭도 하나님의 영광을 찬미하게 하려는 것이라고 언급합니다(엡 1:11-14). 바울은 골로새교회 성도들에게 하나님의 말씀 중심의 신앙적 삶의 요소 가운데 하나가 찬송하는 것이라고 편지합니다.

히브리서 기자는 예수님의 십자가의 보혈로 구속의 은혜를 받은 사람들에게 찬미의 제사를 드리자고 권면합니다.

"이러므로 우리가 예수로 말미암아 항상 찬미의 제사를 하나
님께 드리자 이는 그 이름을 증거하는 입술의 열매니라"(히
13:15)

사도 요한은 하나님의 보좌를 둘러싼 네 생물과 24 장로들과 천군천
사들과 구원받은 성도들이 천국에서 하나님을 찬양하는 내용들을 기록
합니다.

"내가 또 보고 들으매 보좌와 생물들과 장로들을 둘러선 많은
천사의 음성이 있으니 그 수가 만만이요 천천이라 큰 음성으로
가로되 죽임을 당하신 어린양이 능력과 부와 지혜와 힘과 존귀
와 영광과 찬송을 받으시기에 합당하도다 하더라 내가 또 들으
니 하늘 위에와 땅 위에와 땅 아래와 바다 위에와 또 그 가운데
모든 만물이 가로되 보좌에 앉으신 이와 어린양에게 찬송과 존
귀와 영광과 능력을 세세토록 돌릴지어다 하니 네 생물이 가로
되 아멘 하고 장로들은 엎드려 경배하더라"(계 5:11-14)

"이 일 후에 내가 보니 각 나라와 족속과 백성과 방언에서 아
무라도 능히 셀 수 없는 큰 무리가 흰 옷을 입고 손에 종려 가
지를 들고 보좌 앞과 어린양 앞에 서서 큰 소리로 외쳐 가로되
구원하심이 보좌에 앉으신 우리 하나님과 어린양에게 있도다
하니 모든 천사가 보좌와 장로들과 네 생물의 주위에 섰다가
보좌 앞에 엎드려 얼굴을 대고 하나님께 경배하여 가로되 아멘
찬송과 영광과 지혜와 감사와 존귀와 능력과 힘이 우리 하나님
께 세세토록 있을지로다 아멘 하더라"(계 7:9-12)

둘째, 목숨을 다하여 하나님께 기도해야 합니다.

"기도"는 목숨을 다하여 하나님을 사랑하는 구체적 방법입니다. 목숨을 다하여 기도하면 하늘의 문이 열립니다. 하나님을 사랑하는 사람은 자신의 생명이 위협을 받을 때에 하나님을 찾아갑니다. 하나님께서는 목숨을 걸고 자기를 찾는 자들을 살려주십니다.

아모스 선지자는 북쪽 이스라엘을 향하여 사는 법을 선포합니다.

"여호와께서 이스라엘 족속에게 이르시기를 너희는 나를 찾으라 그리하면 살리라 벧엘을 찾지 말며 길갈로 들어가지 말며 브엘세바로도 나아가지 말라 길갈은 정녕 사로잡히겠고 벧엘은 허무하게 될 것임이라 하셨나니 너희는 여호와를 찾으라 그리하면 살리라 염려컨대 저가 불같이 요셉의 집에 내리사 멸하시리니 벧엘에서 그 불들을 끌 자가 없을까 하노라"(암 5:4-6)

이사야 선지자는 내 생각과 내 길을 버리라고 부탁합니다. 오직 하나님의 생각과 길을 따라서 기도하라고 부탁합니다.

"너희는 여호와를 만날 만한 때에 찾으라 가까이 계실 때에 그를 부르라 악인은 그 길을, 불의한 자는 그 생각을 버리고 여호와께로 돌아오라 그리하면 그가 긍휼히 여기시리라 우리 하나님께로 나아오라 그가 널리 용서하시리라"(사 55:6-7)

예레미야 선지자는 하나님의 궁극적 약속을 붙잡고 기도하라고 부탁합니다. 하나님은 부르짖는 자의 소리를 들으시고 전심으로 찾는 자를 만나 주십니다.

"나 여호와가 말하노라 너희를 향한 나의 생각은 내가 아나니

재앙이 아니라 곧 평안이요 너희 장래에 소망을 주려 하는 생
각이라 너희는 내게 부르짖으며 와서 내게 기도하면 내가 너
희를 들을 것이요 너희가 전심으로 나를 찾고 찾으면 나를 만
나리라"(렘 29:11-13)

다니엘은 기도하면 사자굴에 들어가게 될 것을 알면서도 평소처럼
하루에 세 번씩 하나님께 기도했습니다.

"다니엘이 이 조서에 어인이 찍힌 것을 알고도 자기 집에 돌아
가서는 그 방의 예루살렘으로 향하여 열린 창에서 전에 행하
던 대로 하루 세 번씩 무릎을 꿇고 기도하며 그 하나님께 감사
하였더라"(단 6:10)

예수님께서는 겟세마네 동산에서 십자가의 죽음을 앞에 두고 기도
하십니다. 생사화복을 주장하시는 하나님 아버지 앞에 기도하십니다.
삶과 죽음의 문제를 하나님의 뜻에 맡기고 기도하십니다.

"내 아버지여 만일 할 만하시거든 이 잔을 내게서 지나가게 하
옵소서 그러나 나의 원대로 마옵시고 아버지의 원대로 하옵소
서"(마 26:39)

주님께서는 잠자는 제자들을 보시고, "너희가 나와 함께 한 시 동안
도 이렇게 깨어 있을 수 없더냐 시험에 들지 않게 깨어 있어 기도하라
마음에는 원이로되 육신이 약하도다"(마 26:40-41)라고 책망하십니다.
예수님께서는 두 번째와 세 번째에도 "내 아버지여 만일 내가 마시
지 않고는 이 잔이 내게서 지나갈 수 없거든 아버지의 원대로 되기를 원
하나이다"(마 26:42)고 동일한 말씀으로 기도하십니다. 그 후에 제자들

에게 오셔서 "이제는 자고 쉬라 보라 때가 가까웠으니 인자가 죄인의 손에 팔리우느니라"(마 26:45)고 말씀하십니다. 이와 같이 목숨을 걸고 하나님께 매달리는 것도 기회가 항상 있는 것이 아닙니다. 지금 기도하십시오.

출애굽을 하였으나 홍해가 앞을 가로막고 바로의 군대가 추격해 오자 모세는 하나님께 기도했습니다.

이에 하나님께서 모세에게 "너는 어찌하여 내게 부르짖느뇨 이스라엘 자손을 명하여 앞으로 나가게 하고 지팡이를 들고 손을 바다 위로 내밀어 그것으로 갈라지게 하라 이스라엘 자손이 바다 가운데 육지로 행하리라"(출14:15-16)고 명령하십니다.

모세가 순종하여 바다 위로 손을 내밀자 하나님께서 큰 동풍으로 밤새도록 바닷물을 물러가게 하십니다. 그 결과 홍해 바다가 마른 땅이 됩니다(출 14:21).

마라의 쓴물 앞에서 이스라엘 백성들은 "우리가 무엇을 마실까"(출 15:24)라고 원망합니다. 그러나 모세는 하나님 앞에 무릎 꿇고 부르짖습니다. 그 때에 여호와께서 그에게 한 나무를 지시하시니 그가 물에 던지매 물이 달아졌습니다(출 15:25).

하나님을 믿고 신뢰하던 모세는 모든 위기 앞에서 목숨 걸고 기도합니다. 그 결과 이스라엘은 마라의 기적을 체험하고, 물 샘 열둘과 종려 칠십 주가 있는 엘림에 도착합니다(출 15:27).

특별히 아말렉 족속과 목숨을 걸고 싸운 르비딤 전투에서도 모세는 하나님 앞에 간절히 기도합니다. 성경은 그 날의 전쟁 상황을 "모세가 손을 들면 이스라엘이 이기고 손을 내리면 아말렉이 이기더니"(출 17:11)라고 소개합니다.

다윗은 "전쟁은 여호와께 속한 것"(삼상 17:47)이라고 고백합니다. 하나님께서 목숨 걸고 기도하는 자들에게 승리의 기쁨을 주십니다.

그런 의미에서 기도란 하나님을 사랑하는 사람이 목숨을 다하여 하나님께 나아가는 방법입니다.

기도란 누구든지, 언제든지, 어디에서든지 할 수 있습니다. 기도란 하나님을 사랑하는 자들이 어떤 상황에서라도 목숨을 걸고 하나님을 찾는 길입니다.

따라서 하나님께서 응답의 조건으로 누구든지 할 수 있는 기도를 요구하십니다. 또한 시간과 장소의 제약이 없이 언제든지 어디서든지 할 수 있는 기도를 요구하십니다. 누구든지 하나님을 사랑한다면, 목숨을 다하여 하나님을 찾아야 합니다.

하나님을 사랑하는 사람이라면, 죽음 앞에서라도 하나님만 찾아야 합니다. 하나님께서 언제든지 사랑하는 자들의 기도를 들으시고 응답하시기 때문입니다.

셋째, 뜻을 다하여 하나님의 말씀을 들어야 합니다.

하나님을 사랑하는 사람은 뜻을 다하여 하나님의 말씀을 듣습니다. 그것이 구체적으로 하나님을 사랑하는 방법입니다. 뜻을 다하여 말씀을 들으면 생명의 문이 열립니다. 하나님을 사랑하는 사람이 뜻을 다하여 말씀을 들으려면, 두 가지 조건을 충족해야 합니다.

첫째는 우리의 마음이 옥토가 되어야 합니다. 둘째는 전하는 자의 말씀이 잘 뿌려져야 합니다. 그러면 하나님의 말씀이 우리의 마음 밭에 떨어져서 30배, 60배, 100배의 열매를 맺습니다.

(1) 말씀을 듣는 마음을 옥토로 만들어야 합니다.

사도 바울은 데살로니가에서 겨우 3주 동안 복음을 전합니다. 왜냐하면 유대인의 박해가 너무 심한 지역이기 때문입니다. 그는 더 이상 그곳에서 복음을 전하지 못하고, 한밤중에 베뢰아로 도망갑니다.

그런데 바로 그곳에 믿음의 역사와 사랑의 수고와 소망의 인내를 지닌 모범적인 데살로니가교회가 세워집니다.

바울은 데살로니가교회 성도들이 열린 마음으로 하나님의 말씀을 받은 것을 칭찬합니다.

> "이러므로 우리가 하나님께 쉬지 않고 감사함은 너희가 우리에게 들은바 하나님의 말씀을 받을 때에 사람의 말로 아니하고 하나님의 말씀으로 받음이니 진실로 그러하다 이 말씀이 또한 너희 믿는 자 속에서 역사하느니라"(살전 2:13)

바울은 3주 동안 데살로니가에서 말씀을 전파했는데, 그들은 바울의 말을 사람의 말로 듣지 않고, 하나님의 말씀으로 듣습니다. 그 결과 그곳에 모범적인 교회가 세워집니다.

이 모든 일은 믿는 자 속에서 역사하시는 말씀의 능력으로 이루어집니다. 데살로니가 사람들처럼 하나님의 역사를 체험하려면, 말씀을 들을 때마다 사람의 말로 듣지 않고 하나님의 말씀으로 들어야 합니다.

 101퍼센트의 사람

그런데 데살로니가 사람들보다 더욱 더 열린 마음으로 하나님의 말씀을 받고 묵상한 사람들이 베뢰아 사람들입니다. 사도행전의 저자인 누가는 두 교회의 사람들을 비교합니다.

그는 "베뢰아 사람은 데살로니가에 있는 사람보다 더 신사적이어서 간절한 마음으로 말씀을 받고 이것이 그러한가 하여 날마다 성경을 상고하므로 그중에 믿는 사람이 많고 또 헬라의 귀부인과 남자가 적지 아니하나"(행 17:11-12)라고 극찬합니다.

누구든지 열린 마음으로 하나님의 말씀을 듣고 믿으면, 데살로니가와 베뢰아 사람들처럼 놀라운 하나님의 역사를 체험합니다.

하나님의 역사는 전적으로 우리의 마음 상태에 달려 있습니다. 즉 말씀을 듣고 깨달으려면, 듣는 사람의 마음 상태가 대단히 중요합니다. 예수님께서 "씨 뿌리는 비유"를 해석하면서 그 사실을 강조하십니다.

"그런즉 씨 뿌리는 비유를 들으라 아무나 천국 말씀을 듣고 깨닫지 못할 때는 악한 자가 와서 그 마음에 뿌리운 것을 빼앗나니 이는 곧 길가에 뿌리운 자요 돌밭에 뿌리웠다는 것은 말씀을 듣고 즉시 기쁨으로 받되 그 속에 뿌리가 없어 잠시 견디다가 말씀을 인하여 환난이나 핍박이 일어나는 때에는 곧 넘어지는 자요 가시떨기에 뿌리웠다는 것은 말씀을 들으나 세상의 염려와 재리의 유혹에 말씀이 막혀 결실치 못하는 자요 좋은 땅에 뿌리웠다는 것은 말씀을 듣고 깨닫는 자니 결실하여 혹 백 배, 혹 육십 배, 혹 삼십 배가 되느니라 하시더라"(마 13:18-23)

이같이 열매를 맺는 말씀의 역사를 체험하려면, 열린 마음으로 하나님의 말씀을 듣는 것이 중요합니다. 열린 마음이란 죽음 앞에서도 하나님의 뜻을 분별하는 지혜로운 마음입니다. 예수님의 마음처럼 온유하고 겸손한 마음입니다.

우리가 열린 마음으로 하나님의 말씀을 듣고, 믿고, 순종할 때에 데살로니가와 베뢰아 사람들처럼 하나님의 역사를 체험할 수 있습니다. 또한 온유하고 겸손하신 예수 그리스도의 마음을 품을 때에 더욱 큰 하나님의 은혜를 받을 수 있습니다.

이와 같이 말씀을 듣고 열매를 맺는 모든 문제는 전적으로 우리의 마음 상태에 달려 있습니다.

(2) 전하는 자의 말씀이 땅에 떨어지지 않아야 합니다.

기도의 사람 한나가 서원하여 사무엘을 낳아 하나님께 바칩니다. 사무엘은 사사시대를 마무리하고 새시대를 엽니다. 그는 여호와의 종교를 "형식의 종교"에서 "말씀의 종교"로 개혁합니다.

사무엘 이전 시대에는 법궤만 메고 다니면 어떤 전쟁에서도 승전을 거듭합니다. 그런데 당시의 제사장 엘리의 두 아들 홉니와 비느하스는 블레셋과 전쟁에서 법궤를 빼앗기고 맙니다. 그 사건은 승리의 비결은 법궤가 아니라 법궤 안에 든 말씀을 지키는 것이라고 가르쳐줍니다.

사무엘은 하나님의 은혜로 새로운 시대를 엽니다. 하나님께서 사무엘의 말이 땅에 떨어지지 않도록 특별히 간섭하십니다. 그 결과 말씀 중심의 새 시대가 열립니다.

말씀을 전하는 자의 가장 큰 복은 사무엘처럼 전파한 그 말씀이 땅에 떨어지지 않는 것입니다. 즉 하나님께서 그 말씀이 그대로 이루어지도록 은혜를 주셔야 합니다.

그런 의미에서 바울은 "하나님의 나라는 말에 있지 아니하고 오직 능력에 있음이라"(고전 4:20)고 선언합니다. 전하는 자의 말씀이 아무리 논리적이고 합리적이어도 하나님의 능력이 아니면 결코 열매를 맺을 수 없습니다. 반면에 전혀 말이 안 되는 말이라도 전능하신 하나님께서 은혜를 주시면 이루어질 수밖에 없습니다.

이사야 선지자는 메시아를 가리켜서 "내가 또 다윗 집의 열쇠를 그의 어깨에 두리니 그가 열면 닫을 자가 없겠고 닫으면 열 자가 없으리라"(사 22:22)고 예언합니다.

사도 요한은 이사야의 예언을 인용하여 빌라델비아 교회의 사자에게 편지를 보내신 예수님을 소개합니다. 그는 주님을 "거룩하고 진실하사 다윗의 열쇠를 가지신 이 곧 열면 닫을 사람이 없고 닫으면 열 사람이 없는 그이"라고 부릅니다. 이와 같이 닫힌 문을 열고 닫는 것은 전적으로 주님의 손에 달려있습니다.

말씀의 성취 여부는 전능하신 하나님의 손에 달려 있습니다. 즉 하나님의 말씀을 전하는 현장에 성령의 도우심이 있어야 합니다. 성령께서 듣는 자의 마음을 옥토로 만드시고, 전하는 자의 말씀이 땅에 떨어지지 않는 은혜를 주셔야 합니다. 하나님의 말씀은 믿는 자 속에서 역사하기 때문입니다.

누구든지 하나님을 사랑하는 사람은 하나님의 말씀을 듣고 믿음으로 받습니다. 그 결과 믿는 자 속에서 역사하시는 말씀의 능력으로 열매를 맺습니다.

따라서 말씀을 듣는 사람들은 말씀을 전하는 사람을 위하여 간절히 기도해야 합니다. 그 말씀이 땅에 떨어지는 사람의 말이 되지 않고, 내 마음에 떨어져 열매를 맺는 하나님의 말씀이 되도록 기도해야 합니다.

넷째, 힘을 다하여 하나님께 봉헌해야 합니다.

"봉헌"은 힘을 다하여 하나님을 사랑하는 구체적 방법입니다. 힘을 다하여 봉헌하면 축복의 문이 열립니다. 물질과 관련하여 성경은 두 가지 능력을 이야기합니다.

첫 번째 능력은 재물을 얻는 능력입니다. 모세는 광야 생활을 마무리하면서 재물을 얻도록 능력을 주신 분이 하나님이심을 이야기합니다.

"또 두렵건대 네가 마음에 이르기를 내 능과 내 손의 힘으로 내가 이 재물을 얻었다 할까 하노라 네 하나님 여호와를 기억하라 그가 네게 재물 얻을 능을 주셨음이라 이같이 하심은 네 열조에게 맹세하신 언약을 오늘과 같이 이루려 하심이니라"
(신 8:17-18)

두 번째 능력은 하나님께 드리는 능력입니다. 다윗은 성전 건축을

 101퍼센트의 사랑

위한 모든 재물을 하나님께 바친 후에 다음과 같이 고백합니다.

물질이란 모으는 능력도 중요하지만, 그 물질을 사용하는 능력도 대단히 중요합니다. 그런 차원에서 좋은 기업들은 최우수 인력들을 돈을 버는 부서에 배치할 뿐만 아니라 돈을 사용하는 부서에 배치합니다. 물질을 어떻게 모으는가도 중요하지만, 어떻게 사용하는가는 더욱 중요하기 때문입니다. 따라서 재물을 얻는 것도 능력이지만, 그 재물을 사용하는 것도 능력입니다.

특별히 다윗은 하나님의 도우심으로 얻은 재물을 하나님께 드리는 능력이 뛰어난 사람입니다. 다윗은 사무엘하 7장에서 하나님의 성전을 건축하고 싶은 마음을 선지자 나단에게 이야기합니다. 그러자 하나님께서 나단을 통하여 다윗의 집, 즉 다윗 왕조를 세워주실 것을 약속합니다.

그 후에 하나님께서 다윗에게 성전을 건축하도록 재물 얻을 능력을 주십니다. 연전연승의 은혜를 베푸십니다. 성경은 다윗이 승전한 원인을 두 번이나 반복하여 기록합니다.

하나님은 다윗을 이기게 하시고, 다윗은 승전으로 모은 전리품을 모두 하나님의 성전 건축을 위하여 드렸습니다.

"다윗이 하닷에셀의 신복들의 가진 금방패를 빼앗아 예루살렘으로 가져 오고 또 하닷에셀의 고을 베다와 베로대에서 매우 많은 놋을 빼앗으니라 하맛 왕 도이가 다윗이 하닷에셀의 온 군대를 쳐서 파하였다 함을 듣고 그 아들 요람을 보내어 다윗 왕에게 문안하고 축복하게 하니 이는 하닷에셀이 도이로 더불어 전쟁이 있던 터에 다윗이 하닷에셀을 쳐서 파함이라 요람이 은 그릇과 금 그릇과 놋 그릇을 가지고 온지라 다윗 왕이 그것도 여호와께 드리되 저가 정복한 모든 나라에서 얻은 은금 곧 아람과 모압과 암몬 자손과 블레셋 사람과 아말렉에게서 얻은 것들과 소바 왕 르홉의 아들 하닷에셀에게서 노략한 것과 같이 드리니라"(삼하 8:7-12)

하나님을 사랑한 다윗은 하나님께 드리는 일을 가장 기쁜 일이라고 고백합니다. 하나님께서는 다윗의 마음에 소원을 주시고, 그 소원을 이루도록 재물을 얻을 능력을 주십니다. 그 후에 하나님을 사랑한 다윗은 더 큰 능력으로 하나님께서 주신 재물을 다시 하나님의 성전 건축을 위하여 드립니다.

그런 차원에서 바울은 하나님께서 받으시는 것은 물질이 아니라 마음이라고 이야기합니다.

"이제는 행하기를 성취할지니 마음에 원하던 것과 같이 성취하되 있는 대로 하라 할 마음만 있으면 있는 대로 받으실 터이 다윗은 성전을 건축하고 복을 받은 것이 아닙니다. 그는 성전을 건축하고 싶은 마음을 하나님께 드리고 복을 받습니다.

3. 하나님 사랑을 방해하는 내외부의 적 

"누구든지 사람 앞에서 나를 시인하면 나도 하늘에 계신 내 아버지 앞에서 저를 시인할 것이요 누구든지 사람 앞에서 나를 부인하면 나도 하늘에 계신 내 아버지 앞에서 저를 부인하리라"(마 10:32-33)

성경은 하나님께서 사랑하시는 자녀들에게 보낸 사랑의 편지입니다. 하나님께서는 변함없이 우리를 사랑하시고, 끝까지 사랑하십니다.

이렇게 큰 하나님의 사랑을 받은 우리는 하나님을 사랑하며 살아갑니다. 하지만 그 사랑은 뜨거웠다 차가웠다 변덕을 부리고 변하고 의심하는 등 불완전하기 짝이 없습니다.

변함없이 하나님을 사랑하는 것은 매우 어려운 일입니다. 하나님을 향한 우리의 사랑을 방해하는 외부의 적과 내부의 적이 있기 때문입니다. 외부의 적은 외적 환경을 통하여 우리를 흔들어 놓습니다. 내부의 적은 우리의 마음을 유혹합니다.

성경을 통하여 이런 적들을 물리치고 변함없이 하나님을 사랑하고 믿음으로 승리할 수 있는 비결을 찾아봅시다.

첫째, 외부의 적을 물리쳐야 합니다.

먼저 유혹을 받을 수 있는 환경을 멀리해야 합니다. 대부분의 사건 사고를 살펴보면 그럴 수밖에 없는 환경적 원인들이 있습니다. 사람이 환경을 극복한다는 것은 대단히 어려운 일입니다. "맹모삼천지교"(孟母三遷之敎)란 말처럼, 자기 힘으로 극복할 수 없는 환경이라면, 그 환경에서 빨리 벗어나는 것이 지혜롭습니다.

요셉은 보디발의 아내의 유혹을 받을 때에 겉옷을 벗어버리고 도망칩니다(창 39:11-12). 이것은 어려운 환경을 극복할 수 있는 가장 쉽고 소극적인 방법입니다. 그러나 이것은 완전한 해결책은 아닙니다. 어떤 문제를 근본적으로 해결하고 않고 그 자리를 희피한다면, 일시적으로 그 상황을 벗어날 수 있지만 또 다시 같은 문제를 만날 수밖에 없습니다.

하나님의 사람은 외부의 환경에 대하여 보다 적극적으로 대처해야 합니다. 성숙한 그리스도인은 어떤 환경이 닥쳐오더라도 넉넉히 극복하고 승리해야 합니다.

사도 바울처럼 죽음도 두려워하지 않고 은혜의 복음을 전하는 선교에 전념해야 합니다(행 20:23-24). 시편 기자처럼 "고난당한 것이 내게 유익이라 이로 인하여 내가 주의 율례를 배우게 되었나이다"(시 119:71)라고 고백해야 합니다.

사단이 욥을 공격하는 궁극적인 목적은 하나님을 향한 마음의 변절을 유도하는 것입니다. 사단은 먼저 욥의 환경을 통해 그를 넘어뜨리고자 했습니다. 그의 재산을 몰수하고, 자녀들을 죽입니다. 그러나 욥은 이 모든 일에 범죄하지 않고, 믿음을 지킵니다.

"욥이 일어나 겉옷을 찢고 머리털을 밀고 땅에 엎드려 경배하며 가로되 내가 모태에서 적신이 나왔사온즉 또한 적신이 그리로 돌아가올지라 주신 자도 여호와시요 취하신 자도 여호와시오니 여호와의 이름이 찬송을 받으실지니이다 하고 이 모든 일에 욥이 범죄하지 아니하고 하나님을 향하여 어리석게 원망하지 아니하니라"(욥 1:20-22)

그러자 사단은 계속해서 욥의 몸에 질병을 가져다주고 부부싸움을 유도합니다. 그래도 욥의 마음은 변절하지 않습니다.

"욥이 재 가운데 앉아서 기와 조각을 가져다가 몸을 긁고 있더니 그 아내가 그에게 이르되 당신이 그래도 자기의 순전을 굳게 지키느뇨 하나님을 욕하고 죽으라 그가 이르되 그대의 말이 어리석은 여자 중 하나의 말 같도다 우리가 하나님께 복을 받았은즉 재앙도 받지 아니하겠느뇨 하고 이 모든 일에 욥이 입술로 범죄치 아니하니라"(욥 2:8-10)

우리는 욥처럼 어떠한 외부의 적이 쳐들어오더라도 담대히 물리치고 믿음을 지키는 자들이 되어야 합니다.

둘째, 내부의 적을 물리쳐야 합니다.

외부의 적을 물리치는 것은 어려운 일입니다. 그러나 더욱 어려운 것은 내부의 적을 이기는 일입니다. 질병도 외과적인 부상보다 보이지 않는 내부의 질병이 더 치명적일 때가 많습니다.

 101퍼센트의 사람

국가도 외적이 쳐들어올 때에는 온 나라가 하나로 뭉치고 단합합니다. 그러나 외적의 침략이 사라지고 평안해지면 내부의 분란이 일어납니다. 인류의 역사를 살펴보면 세계를 지배하던 강력한 나라들도 대부분 외침이 아닌 내부의 분열 때문에 멸망했습니다.

성경의 역사서를 살펴보면 느밧의 아들 여로보암이 세운 북쪽 이스라엘은 일곱 번의 왕조교체가 이루어집니다. 그런데 반역의 주체가 언제든지 왕을 보좌하는 군대장관입니다. 시므리 왕의 경우에는 겨우 7일 동안 왕 노릇합니다. 그는 7일 동안 왕 노릇하기 위하여 바아사의 아들 엘라와 그 왕족을 모조리 죽이고, 7일 후에는 오므리에 의하여 자기 가족이 몰살을 당합니다(왕상 16:9-20).

출애굽 세대를 계수하면, 20세 이상의 장정이 603,550명입니다(민 1:46). 그런데 여호수아와 갈렙을 제외한 그들은 모두 가나안에 들어가지 못합니다. 가나안의 일곱 족속이 강대하기 때문이 아닙니다. 그들의 믿음이 부족하여 하나님의 약속을 의심하고 원망했기 때문입니다.

민수기 14장을 보면 10명의 정탐꾼의 부정적인 보고가 하루 밤 사이에 60만 명을 전염시키고 맙니다. 그 어떤 전염병도 이보다 강력할 수는 없습니다.

"온 회중이 소리를 높여 부르짖으며 밤새도록 백성이 곡하였더라 이스라엘 자손이 다 모세와 아론을 원망하며 온 회중이 그들에게 이르되 우리가 애굽 땅에서 죽었거나 이 광야에서 죽었더면 좋았을 것을 어찌하여 여호와가 우리를 그 땅으로 인도하여 칼에 망하게 하려 하는고 우리 처자가 사로잡히리니 애

굽으로 돌아가는 것이 낫지 아니하랴"(민 14:1-3)

하나님께서도 열조와 맺은 언약을 믿지 못한 그들의 원망에 대하여 징계하십니다. 그 결과 그들은 모조리 광야에서 엎드러지고 맙니다.

"여호와께서 모세와 아론에게 일러 가라사대 나를 원망하는 이 악한 회중을 내가 어느 때까지 참으랴 이스라엘 자손이 나를 향하여 원망하는바 그 원망하는 말을 내가 들었노라 그들에게 이르기를 여호와의 말씀에 나의 삶을 가리켜 맹세하노라 너희 말이 내 귀에 들린 대로 내가 너희에게 행하리니 너희 시체가 이 광야에 엎드러질 것이라 너희 이십세 이상으로 계수함을 받은 자 곧 나를 원망한 자의 전부가 여분네의 아들 갈렙과 눈의 아들 여호수아 외에는 내가 맹세하여 너희로 거하게 하리라 한 땅에 결단코 들어가지 못하리라"(민 14:26-30)

결국 그들은 외부의 적과 싸워보기도 전에 의심과 원망이라는 내부의 적에 의해 무너짐으로 가나안에 들어가지 못한 것입니다.

우리는 믿음을 굳건히 하고 하나님을 경외함으로 내부의 적을 물리치는 자들이 되어야 합니다.

셋째, 외부의 적과 내부의 적을 이기는 세 가지 비결

그러면 외부의 적과 내부의 적을 이기고 하나님을 사랑할 수 있는 비결은 무엇입니까? 하나님의 사람들은 어떤 유혹도 이길 수 있도록 하나님의 전신갑주로 무장해야 합니다(엡 6:10-20).

 101퍼센트의 사랑

(1) 욕심을 내려놓아야 합니다.

사도 요한은 "욕심이 잉태한즉 죄를 낳고 죄가 장성한즉 사망을 낳느니라"(약 1:15)고 선언합니다. 그는 사람의 근본적인 비극은 욕심에 있다고 진단합니다. 아무리 강력한 유혹이 찾아오더라도 우리의 마음에 욕심이 발동하지 않는다면, 결코 넘어지지 않습니다.

다시 말해서 외부의 유혹이 아무리 강하더라도 내부의 욕심으로 마음이 흔들리지 않는다면 사람은 죄를 짓지 않습니다. 따라서 성경은 먼저 유혹을 받을 수 있는 환경을 멀리하고 동시에 욕심을 부리지 말라고 경고합니다.

사도 요한은 육신의 정욕과 안목의 정욕과 이생의 자랑을 물리치라고 이야기합니다.

> "이 세상이나 세상에 있는 것들을 사랑치 말라 누구든지 세상을 사랑하면 아버지의 사랑이 그 속에 있지 아니하니 이는 세상에 있는 모든 것이 육신의 정욕과 안목의 정욕과 이생의 자랑이니 다 아버지께로 좇아 온 것이 아니요 세상으로 좇아 온 것이라"(요일 2:15-16)

성경은 인류의 조상 아담과 하와의 범죄 상황을 다음과 같이 묘사합니다.

> "여자가 그 나무를 본즉 먹음직도 하고 보암직도 하고 지혜롭게 할 만큼 탐스럽기도 한 나무인지라 여자가 그 실과를 따먹고 자기와 함께한 남편에게도 주매 그도 먹은지라"(창 3:6)

이 장면에서 "먹음직도 하고"란 육신의 정욕을 의미합니다. "보암직도 하고”란 안목의 정욕을 의미합니다. “지혜롭게 할 만큼 탐스럽기도 한”이란 이생의 자랑을 의미합니다.

아담과 하와의 마음속에서 이와 같은 육신의 정욕과 안목의 정욕과 이생의 자랑이 발동하지 않았다면, 그들은 결코 선악과를 따먹지 않았을 것이고 에덴동산에서 추방되지도 않았을 것입니다.

사람이 욕심을 부리면 언제나 그 결과가 좋지 않습니다. 그런데 사람은 보다 좋은 것을 얻으려고 욕심을 부립니다. 그러나 참으로 좋은 것은 욕심으로 취한 것이 아닙니다. 하나님께서 주신 것이 좋은 것입니다.

아간이 욕심으로 취한 시날산의 외투와 금은보화는 결코 좋은 것이 아닙니다. 그것 때문에 아간과 그의 가문은 화를 당하고 맙니다(수 7:16-26).

게하시가 아람의 군대장관 나아만에게 욕심으로 취한 겉옷과 금은보화는 결코 좋은 것이 아닙니다. 그것은 게하시와 그의 후손에게 나아만의 문둥병을 가져다주는 통로일 뿐입니다(왕하 5:20-27).

가룟 유다가 취한 은 30은 결코 좋은 것이 아닙니다. 그것은 그의 목숨을 앗아가는 포승줄이 되고 맙니다(마 27:3-10).

아나니아와 삽비라 부부는 성령을 속이고 감춘 땅값의 절반 때문에 결국 생명을 잃고 맙니다(행 5:1-11).

이와 같은 사례들을 통하여 성경은 내가 취한 것은 결코 좋은 것이 아니라고 가르쳐줍니다. 동시에 하나님께서 주신 것만 좋은 것이라고 이야기합니다.

하나님께서 아브라함에게 주신 가나안 땅은 젖과 꿀이 흐르는 땅입

 101퍼센트의 사랑

니다(창 13:14-18). 그러나 롯이 취한 소돔과 고모라는 겉으로 보는 것과 달리 죽음의 땅입니다(창 19:23-28).

그런 까닭으로 다윗은 하나님께서 왕좌를 허락하실 때까지 기다립니다. 그는 자그마치 세 번씩이나 기름부음을 받습니다. 첫 번째는 사무엘상 16장에서 양을 치다가 불려와서 사무엘에게 기름부음을 받습니다(삼상 16:11-12). 두 번째는 유다지파의 왕으로 기름부음을 받습니다(삼하 2:1-4). 세 번째는 마침내 열두 지파의 왕으로 기름부음을 받습니다(삼하 5:1-3). 다윗은 결코 자기 욕심으로 왕좌를 차지하지 않습니다. 하나님께서 모든 상황을 바꾸실 때까지 때를 기다립니다.

누구든지 다윗처럼 욕심을 내려놓고 하나님의 때를 기다리면 반드시 제일 좋은 것으로 주십니다(마 7:11; 약 1:16-17).

(2) 언어생활을 조심해야 합니다.

성경은 하나님의 자녀들에게 축복하는 말을 하라고 권면합니다.

하나님께서 아브라함을 부르실 때에 "너를 축복하는 자에게는 내가 복을 내리고 너를 저주하는 자에게는 내가 저주하리니 땅의 모든 족속이 너를 인하여 복을 얻을 것이니라"(창 12:3)고 약속하십니다.

주님께서는 제자들을 파송하시면서 "또 그 집에 들어가면서 평안하기를 빌라 그 집이 이에 합당하면 너희 빈 평안이 거기 임할 것이요 만일 합당치 아니하면 그 평안이 너희에게 돌아올 것이니라"(마 10:12-13)고 약속하십니다.

바울도 "너희를 핍박하는 자를 축복하라 축복하고 저주하지 말라"

(롬 12:14)고 부탁합니다.

따라서 하나님의 복을 받으려면 복 받는 사람을 진심으로 축복해야 합니다. 우리 속담에 "사촌이 논을 사면 배가 아프다"는 말이 있습니다. 성경적으로 보면 그런 사람은 결코 복을 받을 수 없습니다.

남을 축복하는 사람에게 복을 주시는 것이 하나님의 원리입니다. 또한 성경은 우리가 한 말이 심판의 근거가 될 것을 가르쳐줍니다.

예수님께서 사람 앞에서 긍정의 언어를 사용하라고 가르쳐줍니다.

"누구든지 사람 앞에서 나를 시인하면 나도 하늘에 계신 내 아버지 앞에서 저를 시인할 것이요 누구든지 사람 앞에서 나를 부인하면 나도 하늘에 계신 내 아버지 앞에서 저를 부인하리라"(마 10:32-33)

또한 주님께서 언어생활에 하나님의 심판이 따를 것을 이야기합니다.

"내가 너희에게 이르노니 사람이 무슨 무익한 말을 하든지 심판 날에 이에 대하여 심문을 받으리니 네 말로 의롭다 함을 받고 네 말로 정죄함을 받으리라"(마 12:36)

그런 차원에서 다윗은 "여호와여 내 입 앞에 파숫군을 세우시고 내 입술의 문을 지키소서"(시 141:3)라고 간구합니다. 솔로몬도 "사람을 경책하는 자는 혀로 아첨하는 자보다 나중에 더욱 사랑을 받느니라"(잠 28:23)고 교훈합니다. 야고보도 "내 사랑하는 형제들아 너희가 알거니와 사람마다 듣기는 속히 하고 말하기는 더디 하며 성내기도 더디 하라 사람의 성내는 것이 하나님의 의를 이루지 못함이니라"(약 1:19-20)고 강조합니다.

또한 야고보는 혀의 위험성을 이야기합니다.

결론적으로 사도 베드로는 "그러므로 생명을 사랑하고 좋은 날 보기를 원하는 자는 혀를 금하여 악한 말을 그치며 그 입술로 궤휼을 말하지 말고 악에서 떠나 선을 행하고 화평을 구하여 이를 좇으라"(벧전 3:10-11)고 권면합니다.

하나님을 사랑하는 사람들은 축복하는 언어, 긍정의 언어, 믿음의 언어를 사용해야 합니다. 그렇게 할 때에 성경에 약속한 것처럼 하나님의 복을 누릴 수 있습니다.

모세는 광야생활의 비극의 원인이 바로 이스라엘 백성의 원망하는 말 때문이라고 이야기합니다(민 14:26-30). 대부분 하나님께 받은 은혜를 간직하지 못하고 쏟아버리는 까닭은 광야세대처럼 잘못된 언어생활 때문입니다.

하나님께서는 오늘날 우리에게도 "너희 말이 내 귀에 들린 대로 내가 너희에게 행하리니"(민 14:28)라고 선포하십니다.

따라서 가나안의 주인공이 되려면 입술에 파수꾼을 세우고 긍정적
인 말만 해야 합니다.

(3) 하늘에 소망을 두어야 합니다.

사도 바울은 "오직 우리의 시민권은 하늘에 있는지라"(빌 3:20)고
선포합니다. 그는 당시에 로마의 시민권을 가진 사람입니다(행 22:28-
29). 그러나 그는 보이는 세상에 소망을 두지 않고 보이지 않는 영원한
천국에 소망을 두고 삽니다.

> "우리의 돌아보는 것은 보이는 것이 아니요 보이지 않는 것이
> 니 보이는 것은 잠간이요 보이지 않는 것은 영원함이니라"(고
> 후 4:18)

또한 그는 "아무것도 없는 자 같으나 모든 것을 가진 자로다"(고후
6:10)라고 자랑스럽게 선언합니다.

사도 야고보는 하나님을 사랑하는 자들에게 주시는 천국의 유업을
확신하라고 강조합니다.

> "내 사랑하는 형제들아 들을지어다 하나님이 세상에 대하여는
> 가난한 자를 택하사 믿음에 부요하게 하시고 또 자기를 사랑
> 하는 자들에게 약속하신 나라를 유업으로 받게 아니하셨느냐"
> (약 2:5)

하나님의 자녀란 마땅히 하나님의 상속자이기 때문입니다.

하나님의 아들이신 주님도 지상명령을 선포하시는 근거를 "하늘과
땅의 모든 권세를 내게 주셨으니"라고 밝혀주십니다. 즉 하나님 아버

지께서 주신 권세로 제자들에게 지상명령(마 28:19-20)을 내리신 것입니다.

따라서 하나님의 사랑을 받은 성숙한 성도들은 하나님의 자녀답게 땅의 것에 욕심을 부리지 말고 하늘에 소망을 두고 살아야 합니다.

4. 하나님을 사랑하는 자의 복

"하나님이 가라사대 저가 나를 사랑한즉 내가 저를 건지리라 저가 내 이름을 안즉 내가 저를 높이리라 저가 내게 간구하리니 내가 응답하리라 저희 환난 때에 내가 저와 함께하여 저를 건지고 영화롭게 하리라 내가 장수함으로 저를 만족케 하며 나의 구원으로 보이리라 하시도다"(시 91:14-16)

하나님께서는 언제나 사랑하는 백성들에게 복주시기를 원하십니다. 왜냐하면 이사야의 말씀처럼 하나님께서 자기 백성들을 보배처럼 사랑하시기 때문입니다(사 43:4).

그러면 하나님께서 사랑하는 자들에게 주시는 복을 구체적으로 살펴봅시다.

첫째, 기쁨과 즐거움을 주십니다.

하나님께서는 기뻐하는 하나님의 자녀들을 바라보시며 기뻐하시는 분이십니다. 즉 하나님을 사랑하는 자들이 기쁘고 즐겁게 살기를 원하십니다.

그러므로 하나님을 사랑하는 자에게 주시는 첫 번째 복은 기쁨과 즐거움입니다. 하나님을 사랑하면, 나를 향하신 하나님의 사랑 때문에 기뻐합니다. 뿐만 아니라 내가 하나님을 사랑함으로 기쁨의 삶을 사는 것입니다.

그런 관점에서 다윗은 "여호와는 나의 목자시니 내가 부족함이 없으리로다"(시 23:1)라고 노래합니다. 또한 다윗은 "오직 주에게 피하는 자는 다 기뻐하며 주의 보호로 인하여 영영히 기뻐 외치며 주의 이름을 사랑하는 자들은 주를 즐거워하리이다"(시 5:11)라고 선포합니다.

사도 바울도 이와 같은 하나님의 사랑을 확신하고, "아무것도 없는 자 같으나 모든 것을 가진 자로다"(고후 6:10)라고 외칩니다.

선지자 하박국은 세상의 물질 때문에 기뻐하는 것이 아니라 오직 나를 구원하신 하나님 때문에 즐겁고 기쁘다고 찬양합니다. 그는 하나님께서 주시는 기쁨과 즐거움을 다음과 같이 노래합니다.

> "비록 무화과나무가 무성치 못하며 포도나무에 열매가 없으며 감람나무에 소출이 없으며 밭에 식물이 없으며 우리에 양이 없으며 외양간에 소가 없을지라도 나는 여호와를 인하여 즐거워하며 나의 구원의 하나님을 인하여 기뻐하리로다"(합 3:17-18)

반면에 스바냐는 나 때문에 하나님께서 기뻐하시는 모습을 다음과 같이 찬양합니다.

> "너의 하나님 여호와가 너의 가운데 계시니 그는 구원을 베푸실 전능자시라 그가 너로 인하여 기쁨을 이기지 못하여 하시며 너를 잠잠히 사랑하시며 너로 인하여 즐거이 부르며 기뻐하시리라"(습 3:17)

유월절 만찬을 드시던 예수님께서 제자들에게 기쁨이 충만한 삶의 비결을 말씀하십니다. 그것은 "서로 사랑하라"는 계명을 지키는 것입니다. 예수님께서 근심하는 제자들에게 다음과 같이 부탁합니다.

"내가 아버지의 계명을 지켜 그의 사랑 안에 거하는 것같이 너희도 내 계명을 지키면 내 사랑 안에 거하리라 내가 이것을 너희에게 이름은 내 기쁨이 너희 안에 있어 너희 기쁨을 충만하게 하려 함이니라 내 계명은 곧 내가 너희를 사랑한 것같이 너희도 서로 사랑하라 하는 이것이니라"(요 15:10-12)

그런데 이와 같은 기쁨은 오직 성령의 인도하심 아래서만 가능합니다. 그런 까닭에 사도 바울은 "하나님의 나라는 먹는 것과 마시는 것이 아니요 오직 성령 안에서 의와 평강과 희락이라"(롬 14:17)고 강조합니다. 또한 그는 "소망의 하나님이 모든 기쁨과 평강을 믿음 안에서 너희에게 충만케 하사 성령의 능력으로 소망이 넘치게 하시기를 원하노라"(롬 15:13)고 기도합니다.

하나님의 자녀들이 누리는 기쁨과 즐거움은 성령의 열매입니다. 즉 성령의 역사로만 누릴 수 있는 기쁨과 즐거움입니다.

"오직 성령의 열매는 사랑과 희락과 화평과 오래 참음과 자비와 양선과 충성과 온유와 절제니 이 같은 것을 금지할 법이 없느니라"(갈 5:22-23)

하나님의 자녀들은 성령의 역사로 기쁨과 즐거움이 충만한 삶을 살아야 합니다. 또한 그것이 하나님의 기쁨이기 때문입니다.

 101퍼센트의 사랑

둘째, 모든 고난을 넉넉히 이기게 하십니다.

하나님께서는 사랑하는 자녀들이 모든 고난을 이기도록 상황을 변화시키십니다. 모든 상황을 종합하여 마침내 고난을 이기도록 은혜를 베푸십니다. 즉 우리에게 찾아오는 좋은 일과 어려운 일이 합력하여 선을 이루게 하십니다.

> "우리가 알거니와 하나님을 사랑하는 자 곧 그 뜻대로 부르심을 입은 자들에게는 모든 것이 합력하여 선을 이루느니라"(롬 8:28)

사람의 삶에는 누구에게나 좋은 일과 나쁜 일이 있기 마련입니다. 하나님께서는 두 가지 일을 통하여 사람의 삶을 다스리십니다. 그러나 사람으로 하여금 시종을 알지 못하게 하십니다. 솔로몬은 전도서에서 이 사실을 다음과 같이 강조합니다.

> "하나님의 행하시는 일을 보라 하나님이 굽게 하신 것을 누가 능히 곧게 하겠느냐 형통한 날에는 기뻐하고 곤고한 날에는 생각하라 하나님이 이 두 가지를 병행하게 하사 사람으로 그 장래 일을 능히 헤아려 알지 못하게 하셨느니라"(전 7:13-14)

하나님께서 사람의 미래를 예측할 수 없도록 하신 까닭은 그 자체가 결코 도움을 주지 않기 때문입니다. 하나님께서는 모든 것을 때를 따라 아름답게 지으신 분이십니다. 따라서 현재 상황이 아무리 힘들고 어렵더라도 그 길이 하나님께서 허락하신 최선의 길입니다.

솔로몬이 가르쳐준 하나님의 섭리를 생각해 보면, 하나님께서 우리의 삶을 최선의 길로 인도하심을 깨달을 수 있습니다.

특별히 다음과 같은 시편 기자의 고백처럼 고난은 우리를 성숙하게 만들어줍니다.

"고난당하기 전에는 내가 그릇 행하였더니 이제는 주의 말씀을 지키나이다"(시 119:67)

"고난당한 것이 내게 유익이라 이로 인하여 내가 주의 율례를 배우게 되었나이다"(시119:71)

그런 관점에서 야고보는 "너희 중에 고난당하는 자가 있느냐 저는 기도할 것이요 즐거워하는 자가 있느냐 저는 찬송할지니라"(약 5:13)고 권면합니다. 인생의 모든 결정권은 궁극적으로 하나님의 손에 달려있기 때문입니다.

또한 사도 바울은 고난 가운데 우리가 깨달아야 할 진리를 가르쳐줍니다. 그것은 우리가 받는 환난을 통하여 또 다른 사람들을 위로하라는 것입니다. 이와 같은 하나님의 섭리를 깨닫는다면 보다 성숙하게 고난을 극복할 수 있습니다.

"우리의 모든 환난 중에서 우리를 위로하사 우리로 하여금 하나님께 받는 위로로써 모든 환난 중에 있는 자들을 능히 위로하게 하시는 이시로다"(고후 1:4)

바울은 넘치는 고난과 넘치는 위로를 동시에 경험합니다. 그는 자신의 삶을 통하여 이와 같은 하나님의 뜻을 깨닫습니다. 바울은 자신이 경험한 하나님의 위로하심으로 고난 가운데 있는 고린도교회 성도들을 위로합니다. 그 결과 고린도교회 성도들은 고난을 이기고, 또 다른 성도들을 위로하는 성숙한 자리에 이릅니다(고후 1:5-6).

그런 차원에서 하나님을 사랑하는 사람들은 어떠한 고난 앞에서도 담대해야 합니다. 하나님께서 어떤 시험도 감당할 수 있는 힘과 피할 길을 주시기 때문입니다.

"사람이 감당할 시험밖에는 너희에게 당한 것이 없나니 오직 하나님은 미쁘사 너희가 감당치 못할 시험당함을 허락지 아니하시고 시험당할 즈음에 또한 피할 길을 내사 너희로 능히 감당하게 하시느니라"(고전 10:13)

한 걸음 더 나아가서 바울은 하나님 때문에 우리가 넉넉히 이길 것을 확신합니다.

"그러나 이 모든 일에 우리를 사랑하시는 이로 말미암아 우리가 넉넉히 이기느니라"(롬 8:37)

사도 베드로도 고난 중에 있는 형제들에게 기뻐하고 즐거워하라고 권면합니다.

"사랑하는 자들아 너희를 시련하려고 오는 불 시험을 이상한 일 당하는 것같이 이상히 여기지 말고 오직 너희가 그리스도의 고난에 참예하는 것으로 즐거워하라 이는 그의 영광을 나타내실 때에 너희로 즐거워하고 기뻐하게 하려 함이라"(벧전 4:12-13)

따라서 하나님을 사랑하는 사람들은 고난을 만나면 승리를 확신하고, 두 가지를 기억해야 합니다. 하나는 합력하여 선을 이루시는 하나님의 섭리입니다. 또 하나는 고난 중에 있는 다른 사람을 위로하라는 하나님의 사명입니다.

셋째, 기도에 응답해 주십니다.

하나님을 사랑하는 자들에게 주시는 놀라운 복은 기도의 응답입니다.

시편 기자는 "하나님이 가라사대 저가 나를 사랑한즉 내가 저를 건지리라 저가 내 이름을 안즉 내가 저를 높이리라"(시 91:14)고 약속하십니다. 잠언에서도 "나를 사랑하는 자들이 나의 사랑을 입으며 나를 간절히 찾는 자가 나를 만날 것이니라"(잠 8:17)고 약속하셨습니다.

하나님을 사랑하고 언약을 지키는 자들은 이방인이라도 만민의 기도하는 집, 즉 성전으로 인도하여 기쁘게 할 것입니다.

> "또 나 여호와에게 연합하여 섬기며 나 여호와의 이름을 사랑하며 나의 종이 되며 안식일을 지켜 더럽히지 아니하며 나의 언약을 굳게 지키는 이방인마다 내가 그를 나의 성산으로 인도하여 기도하는 내 집에서 그들을 기쁘게 할 것이며 그들의 번제와 희생은 나의 단에서 기꺼이 받게 되리니 이는 내 집은 만민의 기도하는 집이라 일컬음이 될 것임이라"(사 56:6)

예레미야는 시위대 뜰에 갇혀 있던 중에 하나님의 말씀을 듣습니다. 예레미야는 아무 것도 할 수 없는 상황이지만, 하나님께서 예레미야가 해야 할 일을 가르쳐주십니다. 그가 해야 하는 일과 할 수 있는 일은 오직 하나님께 부르짖는 일이라는 것입니다. 만약 그가 부르짖는다면, 그 나머지 일은 하나님께서 친히 하실 것을 약속하십니다.

> "일을 행하는 여호와, 그것을 지어 성취하는 여호와, 그 이름을 여호와라 하는 자가 이같이 이르노라 너는 내게 부르짖으라 내가 네게 응답하겠고 네가 알지 못하는 크고 비밀한 일을

네게 보이리라”(렘 33:2-3)

주님께서도 사랑하는 제자들에게 기도 응답을 약속하십니다. 예수님은 유월절 만찬석에서 근심에 쌓인 제자들을 향하여 예수님의 이름으로 기도하라고 분부하십니다. 즉 하나님께 기도하고 응답받아서 기쁨이 충만한 삶을 살라고 가르쳐주십니다.

마지막 유언처럼 주님께서 사랑하는 제자들에게 약속하신 것 가운데 하나가 기도의 응답입니다.

> “지금까지는 너희가 내 이름으로 아무것도 구하지 아니하였으나 구하라 그리하면 받으리니 너희 기쁨이 충만하리라”(요 16:24)

동일한 관점에서 사도 바울도 하나님의 놀라운 응답을 이야기합니다.

> “기록된바 하나님이 자기를 사랑하는 자들을 위하여 예비하신 모든 것은 눈으로 보지 못하고 귀로도 듣지 못하고 사람의 마음으로도 생각지 못하였다 함과 같으니라”(고전 2:9)

또한 시편 기자는 자기의 기도를 들으시고 응답하시는 하나님께 사랑을 고백합니다.

> “여호와께서 내 음성과 내 간구를 들으시므로 내가 저를 사랑하는도다”(시 116:1)

이와 같이 모든 성경은 하나님을 사랑하는 자들에게 기도 응답을 약속합니다. 하나님께서는 크고 비밀한 것(렘 33:3)과 가장 좋은 것(마 7:11)으로 응답하실 것을 약속합니다.

넷째, 구원의 복을 주십니다.

하나님의 복은 눈에 보이는 복과 보이지 않는 복이 있습니다.

구약성경은 젖과 꿀이 흐르는 가나안의 복을 약속합니다. 그것은 눈에 보이는 복의 상징입니다. 그러나 신약성경은 눈에 보이지 않는 복을 약속합니다. 신약성경이 약속하는 궁극적인 복은 영원한 천국의 복입니다. 따라서 베드로는 "믿음의 결국 곧 영혼의 구원을 받음이라"(벧전 1:9)고 강조합니다.

(1) 구약성경의 복은 젖과 꿀이 흐르는 가나안에 입성하는 것입니다.

모세는 이스라엘 백성들에게 광야생활의 궁극적인 목적을 가르쳐 줍니다. 그것은 하나님께서 사랑하는 야곱의 자손들에게 마침내 젖과 꿀이 흐르는 가나안의 복을 주시는 것입니다.

> "여호와는 너를 애굽 땅 종 되었던 집에서 이끌어 내시고 너를 인도하여 그 광대하고 위험한 광야 곧 불뱀과 전갈이 있고 물이 없는 간조한 땅을 지나게 하셨으며 또 너를 위하여 물을 굳은 반석에서 내셨으며 네 열조도 알지 못하던 만나를 광야에서 네게 먹이셨나니 이는 다 너를 낮추시며 너를 시험하사 마침내 네게 복을 주려 하심이었느니라"(신 8:14-16)

하나님께서 사랑하신 아브라함, 이삭, 야곱, 요셉에게 복을 주십니다. 그들은 모두 이 땅에서 거부가 되고 물질의 복을 받습니다. 잠언에서도 "이는 나를 사랑하는 자로 재물을 얻어서 그 곳간에 채우게 하려

함이니라”(잠 8:21)고 이야기합니다.

하나님께서 그들과 언약하신 내용은 “자손”과 “가나안 땅” 입니다. 그들은 죽음을 앞에 두고도 가나안 땅을 바라봅니다. 야곱은 요셉과 그 형제들에게 다음과 같이 마지막 유언을 남깁니다.

“나는 죽으나 하나님이 너희와 함께 계시사 너희를 인도하여 너희 조상의 땅으로 돌아가게 하시려니”(창 48:21)

요셉도 그 형제들에게 야곱과 똑같은 유언을 남깁니다. 특별히 요셉은 출애굽할 때에 자기의 묘를 이장(移葬)하라고 부탁합니다.

“요셉이 그 형제에게 이르되 나는 죽으나 하나님이 너희를 권고하시고 너희를 이 땅에서 인도하여 내사 아브라함과 이삭과 야곱에게 맹세하신 땅에 이르게 하시리라 하고 요셉이 또 이스라엘 자손에게 맹세시켜 이르기를 하나님이 정녕 너희를 권고하시리니 너희는 여기서 내 해골을 메고 올라가겠다 하라 하였더라”(창 50:24-25)

하나님을 사랑한 여호수아와 갈렙은 마침내 가나안의 주인공이 됩니다. 이것은 하나님께서 그들에게 약속하신 으뜸가는 복입니다.

“나의 영광과 애굽과 광야에서 행한 나의 이적을 보고도 이같이 열 번이나 나를 시험하고 내 목소리를 청종치 아니한 그 사람들은 내가 그 조상들에게 맹세한 땅을 결단코 보지 못할 것이요 또 나를 멸시하는 사람은 하나라도 그것을 보지 못하리라 오직 내 종 갈렙은 그 마음이 그들과 달라서 나를 온전히 좇았은즉 그의 갔던 땅으로 내가 그를 인도하여 들이리니 그 자

603,550명에 달하는 출애굽 세대는 "여호와께서 자기를 사랑하는 자는 다 보호하시고 악인은 다 멸하시리로다"(시 145:20)는 말씀처럼 모조리 죽음을 당합니다. 오직 믿음의 사람 여호수아와 갈렙 두 사람만 가나안에 들어갑니다.

(2) 신약성경의 복은 구원받아 천국에 입성하는 것입니다.

예수님께서 큰 성과를 거두고 전도여행에서 돌아온 제자들에게 참된 기쁨의 근원을 알려주십니다. 귀신들을 쫓아내고 돌아온 제자들에게 "그러나 귀신들이 너희에게 항복하는 것으로 기뻐하지 말고 너희 이름이 하늘에 기록된 것으로 기뻐하라"(눅 10:20)고 강조하십니다.

사도 바울은 우리의 시민권이 하늘에 있다고 선언합니다.

"오직 우리의 시민권은 하늘에 있는지라 거기로서 구원하는 자 곧 주 예수 그리스도를 기다리노니 그가 만물을 자기에게 복종케 하실 수 있는 자의 역사로 우리의 낮은 몸을 자기 영광의 몸의 형체와 같이 변케 하시리라"(빌 3:20-21)

신약성경이 강조하는 최후의 복은 "새 하늘과 새 땅"(계 21:1)의 복입니다. 같은 맥락에서 야고보는 "시험을 참는 자는 복이 있도다 이것에 옳다 인정하심을 받은 후에 주께서 자기를 사랑하는 자들에게 약속하신 생명의 면류관을 얻을 것임이니라"(약 1:12)고 약속합니다.

특별히 요한계시록에서는 하나님을 사랑하는 성도들이 들어갈 천국과 관련하여 일곱 가지 복을 가르쳐주는 구절이 등장합니다. 이 구절들을 종합해 보면 하나님께서 사랑하는 자녀들에게 주시는 영원한 천국의 복이 무엇인가를 알 수 있습니다.

"이 예언의 말씀을 읽는 자와 듣는 자들과 그 가운데 기록한 것을 지키는 자들이 복이 있나니 때가 가까움이라"(계 1:3)

"또 내가 들으니 하늘에서 음성이 나서 가로되 기록하라 지금 이후로 주 안에서 죽는 자들은 복이 있도다 하시매 성령이 가라사대 그러하다 저희 수고를 그치고 쉬리니 이는 저희의 행한 일이 따름이라 하시더라"(계 14:13)

"보라 내가 도적같이 오리니 누구든지 깨어 자기 옷을 지켜 벌거벗고 다니지 아니하며 자기의 부끄러움을 보이지 아니하는 자가 복이 있도다"(계 16:15)

"천사가 내게 말하기를 기록하라 어린양의 혼인 잔치에 청함을 입은 자들이 복이 있도다 하고 또 내게 말하되 이것은 하나님의 참되신 말씀이라 하기로"(계 19:9)

"이 첫째 부활에 참예하는 자들은 복이 있고 거룩하도다 둘째 사망이 그들을 다스리는 권세가 없고 도리어 그들이 하나님과 그리스도의 제사장이 되어 천 년 동안 그리스도로 더불어 왕노릇 하리라"(계 20:6)

"보라 내가 속히 오리니 이 책의 예언의 말씀을 지키는 자가 복이 있으리라 하더라"(계 22:7)

"그 두루마기를 빠는 자들은 복이 있으니 이는 저희가 생명 나무에 나아가며 문들을 통하여 성에 들어갈 권세를 얻으려 함

이로다"(계 22:14)

우리를 사랑하시는 하나님 때문에 우리는 세상의 모든 고난을 이기고 천국의 복을 누릴 것입니다.

"그러나 이 모든 일에 우리를 사랑하시는 이로 말미암아 우리가 넉넉히 이기느니라 내가 확신하노니 사망이나 생명이나 천사들이나 권세자들이나 현재 일이나 장래 일이나 능력이나 높음이나 깊음이나 다른 아무 피조물이라도 우리를 우리 주 그리스도 예수 안에 있는 하나님의 사랑에서 끊을 수 없으리라"(롬 8:37-39)

구약에서는 믿음의 사람 여호수아와 갈렙이 가나안의 복을 누립니다. 그러나 신약에서는 모든 성도들이 천국의 복을 누릴 것입니다.

"예수께서 가라사대 네 마음을 다하고 목숨을 다하고
뜻을 다하여 주 너의 하나님을 사랑하라 하셨으니
이것이 크고 첫째 되는 계명이요
둘째는 그와 같으니 네 이웃을 네 몸과 같이
사랑하라 하셨으니 이 두 계명이 온 율법과
선지자의 강령이니라" (마 22:37-40)

제4부
사람을 향한 사람의 사랑

1. 사람은 사랑의 대상

"새 계명을 너희에게 주노니 서로 사랑하라 내가 너희를 사랑한 것같이 너희도 서로 사랑하라 너희가 서로 사랑하면 이로써 모든 사람이 너희가 내 제자인 줄 알리라"(요 13:34-35)

성도들은 하나님의 사랑을 받은 사람답게 서로 사랑해야 합니다. 예수님께서 제자들에게 주신 새 계명의 내용은 주님의 사랑을 실천하라는 것입니다.

우리는 사람들을 사랑해야 합니다. 하지만 또한 사람을 향한 사랑은 언제든지 변할 수 있음을 깨달아야 합니다.

첫째, 사람을 사랑하면 배신을 당할 수 있습니다.

하나님의 사랑은 영원하고 변하지 않습니다. 또한 하나님의 사랑에는 권태기도 없습니다. 그러나 사람의 사랑은 "내 뼈 중의 뼈요 살 중의 살이라"(창 2:23)고 노래하던 아담의 사랑부터 변치 않는 사랑이 없습니다.

나이 많아 늙은 사도 바울은 사랑하는 사람들로부터 배신을 당합니다. 그는 디모데에게 속히 오라고 편지하면서 "데마는 이 세상을 사랑하여 나를 버리고 데살로니가로 갔고 그레스게는 갈라디아로, 디도는 달마디아로 갔고"(딤후 4:10)라고 안타깝게 탄식합니다. 이와 같은 사랑의 배신 때문에 많은 사람들이 아파하고 괴로워합니다.

욥은 "나의 가까운 친구들이 나를 미워하며 나의 사랑하는 사람들이 돌이켜 나의 대적이 되었구나"(욥 19:19)라고 탄식합니다.

다윗도 "나의 사랑하는 자와 나의 친구들이 나의 상처를 멀리하고 나의 친척들도 멀리 섰나이다"(시 38:11)라고 슬퍼합니다.

시편 기자도 "주께서 나의 사랑하는 자와 친구를 내게서 멀리 떠나게 하시며 나의 아는 자를 흑암에 두셨나이다"(시 88:18)라고 안타까워합니다.

우리가 생명같이 사랑하던 사람들도 우리를 배신할 수 있습니다. 사람은 아무리 사랑하던 사람도 배신할 수 있는 존재입니다. 심지어 사랑하던 남편도, 아내도, 자녀도, 친척과 친구도 배신할 수 있습니다.

대부분의 독자는 셰익스피어(Shakespeare)의 작품 "줄리어스 카이사르"(Julius Caesar)에 나오는 유명한 구절을 기억할 것입니다.

"브루투스 너 마저!"(You too, Brutus!)

이것은 고대 로마제국의 강자이자 영웅이던 카이사르가 암살자에게 기습을 받고 쓰러지면서 외치는 말입니다. 카이사르는 그 무리 중에서 아들처럼 총애하던 브루투스의 모습을 보고 놀랍니다.

브루투스가 카이사르를 배신한 것처럼, 아무리 철석같이 믿던 사람도 나를 배신할 수 있다는 점을 잊지 말아야 합니다. 사람이란 얼마든지 상대방의 기대를 무너뜨릴 수 있는 존재입니다.

내가 미워하던 자들이 나를 미워하는 것은 당연한 일입니다. 그러나 내가 사랑하던 자들이 나를 미워할 때에 사람은 배신감을 느끼고 아파합니다.

그러나 하나님의 사람들은 배신을 당하더라도 책임과 의무를 다해야 합니다. 즉 "친구는 사랑이 끊이지 아니하고 형제는 위급한 때까지 위하여 났느니라"(잠 17:17)는 말씀처럼 친구의 도리를 다해야 합니다. 상대가 나를 배신하더라도 나의 책임과 의무가 면제되는 것이 아니기 때문입니다.

그런 차원에서 바울은 "차라리 불의를 당하는 것이 낫지 아니하며 차라리 속는 것이 낫지 아니하냐"(고전 6:7)라고 반문합니다. 그러나 한 가지 잊지 말아야 할 것은 사람이란 누구든지 배신할 수 있는 존재라는 점입니다.

둘째, 사람은 결코 믿음의 대상이 아닙니다.

세상을 살면서 사랑하는 사람들에게 상처를 받을 때에 "그럴 줄 몰

 101퍼센트의 사랑

렸다"라고 생각한다면 그 상처는 평생 지울 수 없습니다. 그러나 "그럴 줄 알았다"라고 받아들인다면 그 상처는 쉽게 가라앉습니다.

사랑의 상처를 치유하려면 사람을 믿음의 대상에서 사랑의 대상으로 내려놓아야 합니다.

성경은 이 문제를 다음과 같이 해결합니다. 성경적 관점에서 보면 사람은 결코 믿음의 대상이 될 수 없습니다. 왜냐하면 사람은 상황에 따라서 얼마든지 변하는 존재이기 때문입니다. 믿음의 대상은 오직 변치 않는 하나님뿐입니다.

라합이 "너희 하나님 여호와는 상천 하지에 하나님이시니라"(수 2:11)고 고백한 것처럼, 하나님만 믿음의 대상입니다.

그러나 사람을 믿음의 대상으로 올려놓는 순간부터 비극은 시작됩니다. 이와 같은 아픔과 상처를 해결하는 방법은 사람을 믿음의 대상에서 사랑의 대상으로 내려놓는 것입니다. 사람은 끊임없이 용서하고 이해하고 용납해 주어야 할 사랑의 대상일 뿐이기 때문입니다.

예수님의 공생애는 한 마디로 사람을 사랑하고, 배신한 사람들을 용서하는 삶입니다. 예수님께서는 십자가에 운명하시는 순간까지 못 박는 자들을 위하여 기도를 드립니다. 예수님께서 십자가 위에서 남기신 가상칠언(架上七言)의 첫 번째 말씀이 바로 용서 기도입니다.

"아버지여 저희를 사하여 주옵소서 자기의 하는 것을 알지 못함이니이다"(눅 23:34)

그런 차원에서 성경은 끊임없이 되풀이해서 사람을 사랑하라고 말합니다. 심지어 예수님께서는 원수까지도 사랑하라고 명령하십니다.

"또 네 이웃을 사랑하고 네 원수를 미워하라 하였다는 것을 너희가 들었으나 나는 너희에게 이르노니 너희 원수를 사랑하며 너희를 핍박하는 자를 위하여 기도하라"(마 5:43-44)

사도 바울도 할 수 있다면 모든 사람과 평화하라고 다음과 같이 권면합니다.

"너희를 핍박하는 자를 축복하라 축복하고 저주하지 말라 즐거워하는 자들로 함께 즐거워하고 우는 자들로 함께 울라 서로 마음을 같이하며 높은 데 마음을 두지 말고 도리어 낮은 데 처하며 스스로 지혜 있는 체 말라 아무에게도 악으로 악을 갚지 말고 모든 사람 앞에서 선한 일을 도모하라 할 수 있거든 너희로서는 모든 사람으로 더불어 평화하라"(롬 12:14-18)

셋째, 사랑의 상처는 주지도 말고 받지도 맙시다.

사람을 사랑하면 상처를 받지만, 하나님을 사랑하면 결코 상처를 받지 않습니다.

하나님의 사랑은 변치 않기 때문입니다. 히브리서 기자는 "예수 그리스도는 어제나 오늘이나 영원토록 동일하시니라"(히 13:8)고 가르쳐 줍니다. 언제나 동일하신 예수님의 사랑은 변함이 없는 사랑입니다.

사도 요한은 "유월절 전에 예수께서 자기가 세상을 떠나 아버지께로 돌아가실 때가 이른 줄 아시고 세상에 있는 자기 사람들을 사랑하시되 끝까지 사랑하시니라"(요 13:1)고 강조합니다.

하지만 사람의 사랑은 변하기 때문에 상처를 받습니다. 이 때 "내가 그럴 줄 알았다"라고 넘어가야 합니다. 사랑의 상처를 품고 있으면 안 됩니다. 잊어야 합니다. 용서해야 합니다.

사람은 믿음의 대상이 아니라 용서와 사랑의 대상일 뿐입니다.

> "너희는 스스로 조심하라 만일 네 형제가 죄를 범하거든 경계하고 회개하거든 용서하라 만일 하루 일곱 번이라도 네게 죄를 얻고 일곱 번 네게 돌아와 내가 회개하노라 하거든 너는 용서하라"(눅 17:3-4)

하나님을 사랑하는 사람들은 더 이상 사람을 믿음의 대상으로 삼고 상처받는 일이 없어야 할 것입니다. 동시에 사람을 한없는 사랑과 용서의 대상으로 삼고 용납해야 합니다.

그런 의미에서 주님의 사랑과 용서를 받았던 베드로는 "무엇보다도 열심으로 서로 사랑할지니 사랑은 허다한 죄를 덮느니라"(벧전 4:8)고 권면합니다.

반면에 다른 사람에게 상처를 주지 않도록 조심해야 합니다.

상처란 뇌물과 같아서 받지도 말고 주지도 말아야 합니다. 자주 상처를 주고 받는 까닭은 내 자신이 약하기 때문입니다. 몸이 건강하면 한겨울에도 감기에 걸리지 않지만, 몸이 약하면 한 여름에도 감기에 걸리는 것과 마찬가지 원리입니다.

> "사람을 지으신 이가 본래 저희를 남자와 여자로 만드시고 말씀하시기를 이러므로 사람이 그 부모를 떠나서 아내에게 합하여 그 둘이 한 몸이 될지니라 하신 것을 읽지 못하였느냐 이러한즉 이제 둘이 아니요 한 몸이니 그러므로 하나님이 짝지어 주신 것을 사람이 나누지 못할지니라"(마 19:4-6)

첫째, 결혼은 하나님께서 정하신 창조규례입니다.

하나님께서 엿새 동안 천지를 창조하십니다. 특별히 하나님의 형상대로 남자와 여자를 만드십니다(창 1:26-27). 또한 창조하신 그 사람들에게 복을 주십니다. 하나님의 대리자로서 문화명령을 수행할 책임을 부여하십니다.

> "하나님이 그들에게 복을 주시며 그들에게 이르시되 생육하고 번성하여 땅에 충만하라, 땅을 정복하라, 바다의 고기와 공중의 새와 땅에 움직이는 모든 생물을 다스리라 하시니라"(창 1:28)

하나님께서 사람에게 주신 문화명령이란 결코 자연을 정복하고 사람의 욕심대로 개발할 수 있는 권리가 아닙니다. 하나님의 창조 목적에 따라서 자연을 돌보아야 할 청지기의 사명과 책임을 의미합니다.

한편 하나님께서 정하신 세 가지 창조규례는 노동과 안식과 결혼입니다. 사람은 하나님께서 주신 세 가지 창조규례를 반드시 지켜야 합니다. 그것은 하나님께서 사람에게 허락하신 행복의 조건입니다. 따라서 사람이 행복하게 살려면, 반드시 세 가지 창조규례를 지켜야 합니다.

먼저 사람은 엿새 동안 열심히 일해야 합니다. 동시에 일곱째 날에 하나님께서 안식하신 것처럼 안식해야 합니다. 하나님께서 안식일을 복 주시고 거룩하게 하셨기 때문입니다.

> "천지와 만물이 다 이루니라 하나님의 지으시던 일이 일곱째 날이 이를 때에 마치니 그 지으시던 일이 다하므로 일곱째 날에 안식하시니라 하나님이 일곱째 날을 복 주사 거룩하게 하셨으니 이는 하나님이 그 창조하시며 만드시던 모든 일을 마치시고 이 날에 안식하셨음이더라"(창 2:1-3)

그런데 노동과 안식의 창조규례는 상호보완적입니다. 엿새 동안 열심히 노동한 사람만이 일곱째 날에 주시는 안식의 기쁨을 누릴 수 있기 때문입니다. 만약 엿새 동안 노동하지 않는다면, 결코 일곱째 날에 주시는 안식의 기쁨을 누릴 수 없을 것입니다.

십계명의 제 4계명인 안식일의 계명을 살펴보면, 엿새 동안의 노동과 일곱째 날의 안식을 동시에 강조합니다. 즉 엿새 동안의 노동만큼 일곱째 날의 안식이 중요하기 때문입니다. 동시에 일곱째 날의 안식만큼 엿새 동안의 노동이 중요하기 때문입니다.

> "안식일을 기억하여 거룩히 지키라 엿새 동안은 힘써 네 모든

한편 사람은 육체와 영혼으로 구성되어 있습니다. 성경은 "여호와 하나님이 흙으로 사람을 지으시고 생기를 그 코에 불어 넣으시니 사람이 생령이 된지라"(창 2:7)고 밝혀줍니다.

따라서 노동과 안식은 사람의 육체와 영혼에 모두 다 필요합니다. 물론 사람이 육체노동을 하고 육체가 안식하면, 육체적으로 건강합니다. 그러나 사람은 육체와 더불어 영혼이 함께 안식해야 행복한 삶을 살 수 있습니다.

"마음을 다하고 힘을 다하라"는 명령은 육체의 노동과 영혼의 안식에 동등하게 적용할 수 있습니다.

종교개혁자 존 캘빈(John Calvin, 1509-64)이 "직업소명론"(職業召命論)을 주장합니다. 그가 노동을 신성하게 여긴 까닭은 사람이란 육체와 영혼이 결합한 존재이기 때문입니다. 그런 의미에서 노동도 신성하고, 안식도 신성한 것입니다.

오늘날에는 육체의 안식보다 영혼의 안식을 누리지 못해서 불행한 사람들이 많습니다. 진정한 안식은 육체의 안식과 더불어 영혼의 안식을 누리는 것입니다.

 101퍼센트의 사랑

한편 노동과 안식에 이어 하나님께서 정하신 마지막 창조규례는 결혼입니다.

둘째, 하나님의 결혼규례에는 세 가지 단계가 있습니다.

하나님께서 엿새 동안 천지를 창조한 기록을 살펴보면, 매일같이 "하나님의 보시기에 좋았더라"(창 1:4,10,12,18,21,25)는 감탄사가 뒤따릅니다. 특별히 사람을 창조하신 여섯째 날에는 "하나님이 그 지으신 모든 것을 보시니 보시기에 심히 좋았더라"(창 1:31)고 기록합니다.

그런데 좋지 못한 것이 하나 있었습니다.

"사람의 독처하는 것이 좋지 못하니 내가 그를 위하여 돕는 배필을 지으리라"(창 2:18)

그 후에 하나님께서 아담을 잠들게 하시고, 아담의 갈빗대 하나를 취하여 여자를 만드십니다. 아담은 "이는 내 뼈 중의 뼈요 살 중의 살이라 이것을 남자에게서 취하였은즉 여자라 칭하리라"(창2:23)는 행복의 노래를 부릅니다.

그 때에 하나님께서 사람에게 세 번째 창조규례인 결혼규례를 주십니다.

"이러므로 남자가 부모를 떠나 그 아내와 연합하여 둘이 한 몸을 이룰지로다"(창 2:24)

결혼의 규례는 다음의 세 가지 단계를 이야기합니다.

(1) 부모를 떠나는 것입니다.

결혼이란 일차적으로 자녀의 입장에서 부모를 떠나는 것입니다. 또한 부모의 입장에서 자녀를 떠나보내는 것입니다.

이와 같이 자녀가 부모를 떠날 준비가 된 상태를 결혼 적령기라고 부릅니다.

결혼은 육체적으로, 정신적으로, 경제적으로 모든 측면에서 자녀가 부모로부터 독립하는 것입니다. 부모가 자녀를 양육한다는 것은 자녀를 떠나보낼 준비를 하는 것입니다. 동시에 자녀가 성장한다는 것은 부모로부터 떠날 준비를 하는 것입니다.

따라서 자녀들은 부모를 의지하지 말고 떠나서 독립해야 합니다.

(2) 아내와 연합하는 것입니다.

결혼의 두 번째 단계는 부모를 떠난 남자가 자기 아내와 연합하는 것입니다.

결혼을 통하여 독립된 가정이 새롭게 탄생합니다. 부모의 가정에서 아버지가 가장인 것처럼, 아들의 가정에서는 아들이 가장입니다. 따라서 더 이상의 내정간섭은 없어야 합니다.

많은 사람들이 고부간의 갈등을 겪는 까닭은 이와 같은 결혼의 일차적 의미를 잘 모르기 때문입니다. 성경적 개념으로 보면, 가정의 중심은 아버지와 아들이 아니라 남편과 아내입니다. 결혼한 이후에는 아들이 더 이상 아버지의 허락을 받지 않고, 자기 아내와 연합하여 모든 결정을 내리고 책임져야 합니다.

 101퍼센트의 사랑

(3) 둘이 한 몸을 이루는 것입니다.

결혼의 마지막 단계는 남편과 아내가 한 몸을 이루는 것입니다.

"아담과 그 아내 두 사람이 벌거벗었으나 부끄러워 아니하니라" (창 2:25)는 말씀처럼, 남편과 아내는 완전한 하나를 이루어야 합니다. 즉 전인격적 연합을 이룬 남편과 아내는 더 이상 둘이 아닙니다. 사랑과 신뢰를 바탕으로 육체적 결합과 더불어 정신적, 영적으로 완전한 하나를 이루어야 합니다.

셋째, 복종하고 사랑해야 합니다.

남편과 아내에게는 차별이 아니라 구별된 책임과 의무가 있습니다.

바울은 "아내들이여 자기 남편에게 복종하기를 주께 하듯 하라" (엡 5:22)고 권면합니다. 동시에 "남편들아 아내 사랑하기를 그리스도께서 교회를 사랑하시고 위하여 자신을 주심같이 하라 … 이와 같이 남편들도 자기 아내 사랑하기를 제 몸같이 할지니 자기 아내를 사랑하는 자는 자기를 사랑하는 것이라" (엡 5:25, 28)고 권면합니다.

> "이러므로 사람이 부모를 떠나 그 아내와 합하여 그 둘이 한 육체가 될지니 이 비밀이 크도다 내가 그리스도와 교회에 대하여 말하노라 그러나 너희도 각각 자기의 아내 사랑하기를 자기같이 하고 아내도 그 남편을 경외하라"(엡 5:31-33)

하나님을 경외하는 자들은 행복한 가정생활을 이루어야 합니다.

부부의 사랑은 서로에게 가장 큰 위로가 됩니다. 믿음의 조상 이삭은 아내 리브가를 통하여 모친 사라가 세상을 떠난 슬픔을 이길 수 있는 위로를 받습니다.

"이삭이 리브가를 인도하여 모친 사라의 장막으로 들이고 그를 취하여 아내를 삼고 사랑하였으니 이삭이 모친 상사 후에 위로를 얻었더라"(창 24:67)

믿음의 조상 야곱도 라헬을 사랑함으로 라반의 집에서 칠년을 봉사하지만 수일 같이 여깁니다.

"야곱이 라헬을 위하여 칠 년 동안 라반을 봉사하였으나 그를 연애하는 까닭에 칠 년을 수일같이 여겼더라"(창 29:20)

그 후에 야곱은 라반에게 속아서 또 다시 칠년을 봉사합니다. 그러나 야곱은 라헬을 향한 사랑의 힘으로 이겨냅니다.

"야곱이 또한 라헬에게로 들어갔고 그가 레아보다 라헬을 더 사랑하고 다시 칠 년을 라반에게 봉사하였더라"(창 29:30)

이와 같이 부부가 사랑할 때에 아무리 힘든 일이라도 쉽게 감당할 수 있습니다.

뿐만 아니라 부부의 사랑은 죽음을 무릅쓰는 강력한 힘이 있습니다. 아가서에는 죽음같이 강한 사랑을 노래합니다.

"너는 나를 인같이 마음에 품고 도장같이 팔에 두라 사랑은 죽음같이 강하고 투기는 음부같이 잔혹하며 불같이 일어나니 그 기세가 여호와의 불과 같으니라 이 사랑은 많은 물이 꺼치지 못하겠고 홍수라도 엄몰하지 못하나니 사람이 그 온 가산을 다 주고 사랑과 바꾸려 할지라도 오히려 멸시를 받으리라"(아 8:6)

 101퍼센트의 사랑

바울은 "남편들아 아내를 사랑하며 괴롭게 하지 말라"(골 3:19)고 교훈합니다. 부부의 사랑이 깨지면, 가장 괴롭고 힘든 세월을 보내기 때문입니다.

창세기에는 남편 야곱의 사랑을 받지 못했던 레아의 아픔을 다음과 같이 기록합니다.

> "레아가 잉태하여 아들을 낳고 그 이름을 르우벤이라 하여 가로되 여호와께서 나의 괴로움을 권고하셨으니 이제는 내 남편이 나를 사랑하리로다 하였더라"(창 29:32)

레아의 고백은 아내에게는 아들 낳는 기쁨과 하나님의 위로도 중요하지만, 남편의 사랑이 더 중요함을 가르쳐줍니다.

솔로몬은 아내란 하나님께서 주신 분복이라고 가르쳐줍니다.

> "아내를 얻는 자는 복을 얻고 여호와께 은총을 받는 자니라"(잠 18:22)

> "집과 재물은 조상에게서 상속하거니와 슬기로운 아내는 여호와께로서 말미암느니라"(잠 19:14)

또한 솔로몬은 아내를 사랑하라고 다음과 같이 부탁합니다.

> "너는 네 우물에서 물을 마시며 네 샘에서 흐르는 물을 마시라 어찌하여 네 샘물을 집 밖으로 넘치게 하겠으며 네 도랑물을 거리로 흘러가게 하겠느냐 그 물로 네게만 있게 하고 타인으로 더불어 그것을 나누지 말라 네 샘으로 복되게 하라 네가 젊어서 취한 아내를 즐거워하라 그는 사랑스러운 암사슴 같고 아름다운 암노루 같으니 너는 그 품을 항상 족하게 여기며 그 사

지혜의 왕 솔로몬은 사랑하는 아내와 즐겁게 살라고 권면합니다.

"네 헛된 평생의 모든 날 곧 하나님이 해 아래서 네게 주신 모든 헛된 날에 사랑하는 아내와 함께 즐겁게 살지어다 이는 네가 일평생에 해 아래서 수고하고 얻은 분복이니라"(전 9:9)

결론적으로 사람의 행복은 부부의 사랑에 달려 있습니다. 그것이 지혜의 왕 솔로몬이 깨달은 가장 큰 행복의 비결입니다.

3. 자녀 사랑

"자식은 여호와의 주신 기업이요 태의 열매는 그의 상급이로다 젊은 자의 자식은 장사의 수중의 화살 같으니 이것이 그 전통에 가득한 자는 복되도다 저희가 성문에서 그 원수와 말할 때에 수치를 당치 아니하리로다"(시 127:3-5)

첫째, 자식은 하나님께서 주신 기업입니다.

시편 기자는 자식은 하나님께서 주신 기업이라고 이야기합니다. 하나님께서 부모에게 주신 자녀들은 부모의 자녀이기 전에 먼저 하나님의 자녀들입니다. 하나님께서 부모에게 하나님의 자녀들을 맡기신 것입니다.

부모가 자녀들과 함께 기도하면서 "하나님 아버지!"라고 부르면, 자녀들이 "하나님 할아버지!"라고 부르지 않습니다. 부모와 마찬가지로 자녀들도 "하나님 아버지!"라고 기도합니다. 따라서 자녀들은 부모의 자녀들이기 전에 하나님 아버지의 자녀들입니다. 부모들은 언제든지 하나님의 자녀들을 맡아서 기른다는 심정을 가져야 합니다.

둘째, 자녀 교육은 태교로부터 시작해야 합니다.

솔로몬은 부모가 자녀를 사랑한다면 매를 때려서라도 교육하라고 경고합니다.

> "초달을 차마 못하는 자는 그 자식을 미워함이라 자식을 사랑하는 자는 근실히 징계하느니라"(잠 13:24)

> "채찍과 꾸지람이 지혜를 주거늘 임의로 하게 버려 두면 그 자식은 어미를 욕되게 하느니라"(잠 29:15)

> "네 자식을 징계하라 그리하면 그가 너를 평안하게 하겠고 또 네 마음에 기쁨을 주리라"(잠 29:17)

그런데 부모가 자녀들에게 매를 때리려면, 일곱 살 이전에 매를 들어야 합니다. 교육가들의 조언에 따르면 그 이후에는 효과가 없다고 합니다. 가톨릭 교육에서도 "아이들을 일곱 살까지만 우리에게 맡겨라! 그 이후에는 어떻게 해도 좋다!"라고 말합니다. 즉 자녀교육은 일곱 살 이전에 이미 끝난다는 것입니다.

어떤 어머니가 랍비를 찾아가서 "언제부터 자녀교육을 시키면 좋겠습니까?"고 묻습니다. 랍비가 아이를 보고 "태어난지 얼마나 되었습니까?"라고 되묻습니다. 그러자 아이의 어머니가 "이제 3개월입니다!"라고 대답합니다. 그 때에 랍비는 "그러면 3개월이 늦었습니다!"라고 대답합니다.

이야기의 초점은 자녀교육이란 태어나면서부터 시작해야 한다는 것입니다.

요즈음은 태교를 강조합니다. 모태에 잉태된 순간부터 자녀는 어머니의 영향을 받기 때문입니다. 리브가의 경우에도 에서와 야곱이 모태에 있을 때에, 하나님께서 "두 국민이 네 태중에 있구나 두 민족이 네 복중에서부터 나누이리라 이 족속이 저 족속보다 강하겠고 큰 자는 어린 자를 섬기리라" (창 25:23)는 말씀을 주십니다.

천사 가브리엘이 예수님의 잉태 소식을 전하고 떠나가자 마리아는 이미 6개월 전에 세례 요한을 잉태한 엘리사벳을 찾아갑니다. 그 때의 상황을 누가는 다음과 같이 기록합니다.

마리아의 이야기는 자녀교육이란 잉태된 순간부터 태교로 시작해야 함을 가르쳐줍니다. 그렇게 따지면 잉태를 기준으로 나이를 계산하는 한국식이 출생을 기준으로 계산하는 서구식보다 더 성경적이라 말할 수 있습니다.

자녀교육, 특별히 신앙교육은 나이가 들수록 힘들다는 것입니다. 신앙교육은 복중에서부터, 출생 당시부터 시작하여 늦어도 일곱 살 이전에 끝이 납니다.

따라서 교회교육도 노년부보다 장년부가, 장년부보다 청년부가, 청년부보다 중고등부가, 중고등부보다 유초등부가, 유초등부보다 유치부가, 유치부보다 영아부가 더욱 중요하다는 것입니다.

하지만 지금도 늦지 않았습니다. 신앙교육에도 "늦었다고 생각하는 때가 가장 빠른 때다!"라는 격언을 적용해야 합니다.

모든 부모들은 자녀들의 신앙교육에 힘써야 할 것입니다.

셋째, 자녀를 사랑하는 최선의 방법은 신앙교육입니다.

모세는 유월절의 규례를 정하고, 자손 대대로 지키라고 부탁합니다. 특별히 자손들이 유월절을 잘 지키도록 출애굽의 배경을 가르치라고 명령합니다. 모세의 말을 들은 이스라엘 백성들은 자녀들의 신앙교육에 힘쓸 것을 다짐합니다.

"너희는 이 일을 규례로 삼아 너희와 너희 자손이 영원히 지킬 것이니 너희는 여호와께서 허락하신 대로 너희에게 주시는 땅에 이를 때에 이 예식을 지킬 것이라 이 후에 너희 자녀가 묻기를 이 예식이 무슨 뜻이냐 하거든 너희는 이르기를 이는 여호와의 유월절 제사라 여호와께서 애굽 사람을 치실 때에 애굽에 있는 이스라엘 자손의 집을 넘으사 우리의 집을 구원하셨느니라 하라 하매 백성이 머리 숙여 경배하니라"(출 12:24-27)

또한 모세는 하나님의 말씀을 자녀들에게 가르치라는 교육지침을 제시합니다.

"오늘날 내가 네게 명하는 이 말씀을 너는 마음에 새기고 네 자녀에게 부지런히 가르치며 집에 앉았을 때에든지 길에 행할 때에든지 누웠을 때에든지 일어날 때에든지 이 말씀을 강론할

신명기에 나오는 모세의 교육지침은 부모가 자녀들에게 행동으로 모범을 보이는 것입니다. 남의 자녀들은 성경공부로 교육할 수 있습니다. 그러나 자기 자녀들은 오직 모범적인 삶으로만 교육이 가능합니다.

자녀들은 부모가 마음대로 할 수 없는 대상들입니다. 그 누구도 자기 자녀를 자기 뜻대로 기를 수 없습니다. 하나님을 경외하는 부모의 모범적 신앙생활로만 자녀들의 신앙교육은 가능합니다.

여호수아도 죽음을 앞에 둔 고별설교에서 "오직 나와 내 집은 여호와를 섬기겠노라"고 다짐하고, 이스라엘 백성들에게 신앙적 결단을 촉구합니다.

신앙생활도 "수신제가치국평천하"(修身齊家治國平天下)라는 말처럼 실천해야 합니다. 제일 먼저 내가 하나님을 섬겨야 합니다. 그 후에 내 가정이 하나님을 섬겨야 합니다. 결국 나와 내 자녀들이 하나님을 섬긴 후에야 여호수아처럼 모든 백성에게 하나님을 섬기라고 힘차게 외칠 수 있습니다.

가장 모범적인 자녀교육을 하려면 가장 모범적인 부모가 되어야 합니다. 그것이 부모가 자녀를 사랑하는 최선의 방법입니다. 또한 자녀들의 미래를 보장하는 가장 좋은 투자는 믿음의 유산을 물려주는 일입니다.

4. 부모의 편애

"이삭은 에서의 사냥한 고기를 좋아하므로 그를 사랑하고 리브가는 야곱을 사랑하였더라"(창 25:28)

"요셉은 노년에 얻은 아들이므로 이스라엘이 여러 아들보다 그를 깊이 사랑하여 위하여 채색 옷을 지었더니 그 형들이 아비가 형제들보다 그를 사랑함을 보고 그를 미워하여 그에게 언사가 불평하였더라"(창 37:3-4)

사람은 자기와 비슷한 성향이 있는 사람을 좋아합니다. 많은 사람들 가운데 혈연과 지연, 학연 등 공통적인 성향이 있는 사람을 찾습니다. 또한 "팔이 안으로 굽는다"는 말처럼, 사람은 공통점이 있을 경우에 보다 쉽게 친밀감을 갖습니다.

사람을 엮어주는 공통점은 눈에 보이는 외적인 조건들도 있고, 눈에 보이지 않는 내적인 조건들도 있습니다.

부모가 자녀들을 사랑할 때에도 특별히 더 사랑스러운 자녀가 있기 마련입니다. 하지만 부모의 편애는 자녀들에게 악영향을 미치기 때문에 삼가고 조심해야 합니다.

창세기 저자는 에서와 야곱에 대한 이삭과 리브가의 편애를 기록합니다.

> "이삭은 에서의 사냥한 고기를 좋아하므로 그를 사랑하고 리브가는 야곱을 사랑하였더라"(창 25:28)

이삭은 고기를 좋아하기 때문에 사냥을 잘하는 에서를 야곱보다 좋아합니다. 반면에 리브가의 모정은 이삭이 좋아하지 않은 야곱에게 향합니다. 리브가는 자연스럽게 자기를 따르는 야곱을 사랑합니다. 그 결과 야곱은 어머니의 요리 솜씨를 배우고, 그것으로 에서에게 장자권을 삽니다(창 25:29-34).

어린 아이들의 은사와 달란트는 누구의 사랑을 받고 자라느냐에 따라서 달라집니다. 영어 선생님의 칭찬을 받고 자란 아이는 어학적 재능이 개발됩니다. 또한 수학 선생님의 사랑을 받고 자란 아이들은 수학적 재능이 두드러집니다. 그것은 아이들이 자기를 사랑하는 선생님을 기쁘게 하려고 그 분야의 재능을 개발하는데 더 많은 시간과 노력을 투자하기 때문입니다. 어떤 분야의 전문가든지 그 분야로 진로를 결정한 계기를 물어보십시오. 어린 시절에 부모나 선생님들의 각별한 관심과 지도를 받은 경우가 대부분입니다.

결국 이삭과 리브가의 편애는 에서와 야곱의 인생길에서 평생 동안 결정적 영향력을 행사합니다.

둘째, 야곱의 편애를 살펴봅시다.

요셉과 베냐민에 대한 야곱의 편애는 열두 지파의 미래에까지 영향력을 행사합니다.

특별히 야곱은 열두 아들 가운데 요셉을 편애합니다. 그 까닭은 먼저 요셉이 사랑하던 아내 라헬의 소생이기 때문입니다. 그러나 야곱이 어린 시절에 어머니 리브가의 편애를 받고 자란 영향력도 무시할 수 없습니다.

창세기 저자는 당시의 상황을 다음과 같이 기록합니다.

"요셉은 노년에 얻은 아들이므로 이스라엘이 여러 아들보다 그를 깊이 사랑하여 위하여 채색 옷을 지었더니 그 형들이 아비가 형제들보다 그를 사랑함을 보고 그를 미워하여 그에게 언사가 불평하였더라"(창 37:3-4)

야곱은 요셉에게 채색옷까지 입히며 사랑합니다. 결과적으로 야곱의 편애는 요셉의 형들이 동생을 애굽에 팔아버리는 계기를 만듭니다. 그러나 하나님께서는 악을 선으로 바꾸십니다.

마침내 요셉은 애굽에 팔려가서 종살이와 감옥살이를 마치고, 나이 30세에 애굽의 총리가 됩니다. 39세의 요셉은 7년 풍년이 지나고, 흉년 2년차에 접어들던 때에 애굽에 곡식을 사러온 형제들과 상봉합니다. 요셉은 22년의 세월이 흐른 뒤에 베냐민을 볼모로 잡고, 형들을 테스트합니다.

그 때에 유다는 요셉과 베냐민에 대한 야곱의 편애를 강조하며 동생들을 위하여 변증합니다.

"우리 에비 아비가 있으니 노인이요 또 그 노년에 얻은 아들 소년이 있으니 그의 형은 죽고 그 어미의 끼친 것은 그뿐이므로 그 아비가 그를 사랑하나이다"(창 44:20)

요셉은 베냐민에 대한 유다의 변증을 듣고 아버지의 사랑에 대한 감정을 억제하지 못합니다. 그는 통곡하면서 자신을 형들에게 소개합니다. 형들은 요셉의 보복을 두려워하지만 요셉은 아버지의 편애가 가져온 고통의 세월을 하나님의 섭리로 해석하며 형들을 위로합니다.

"당신들이 나를 이곳에 팔았으므로 근심하지 마소서 한탄하지 마소서 하나님이 생명을 구원하시려고 나를 당신들 앞서 보내셨나이다 이 땅에 이 년 동안 흉년이 들었으나 아직 오 년은 기경도 못하고 추수도 못할지라 하나님이 큰 구원으로 당신들의 생명을 보존하고 당신들의 후손을 세상에 두시려고 나를 당신들 앞서 보내셨나니 그런즉 나를 이리로 보낸 자는 당신들이 아니요 하나님이시라 하나님이 나로 바로의 아비를 삼으시며 그 온 집의 주를 삼으시며 애굽 온 땅의 치리자를 삼으셨나이다"(창 45:5-8)

그럼에도 불구하고 야곱의 편애에 따른 영향력은 야곱의 사후까지 미칩니다. 요셉의 형제들은 130세에 애굽에 내려온 야곱이 17년의 세월을 보내고 147세에 세상을 떠나자 요셉을 두려워합니다.

요셉의 보복을 염려한 그들은 야곱이 죽기 전에 "네 형들이 네게 악을 행하였을지라도 이제 바라건대 그 허물과 죄를 용서하라"(창 50:17)고 유언한 것처럼 둘러대면서 용서를 빕니다.

 101퍼센트의 사랑

요셉은 자기 앞에 엎드린 형들을 바라보면서 다시 한 번 하나님의 섭리를 깨우쳐줍니다. 요셉은 형제들을 다음과 같이 위로합니다.

"두려워 마소서 내가 하나님을 대신하리이까 당신들은 나를 해하려 하였으나 하나님은 그것을 선으로 바꾸사 오늘과 같이 만민의 생명을 구원하게 하시려 하셨나니 당신들은 두려워 마소서 내가 당신들과 당신들의 자녀를 기르리이다"(창 50:19-21)

이 장면은 야곱의 잘못된 편애가 미친 영향력이 얼마나 큰가를 잘 보여줍니다. 훌륭한 부모의 자녀교육 방법은 편애하지 않고, 모든 자녀들을 똑같이 사랑하는 것입니다.

셋째, 다윗의 자녀 사랑을 살펴봅시다.

사무엘하 11-12장에서 밧세바 사건이 발생합니다. 그런데 성경은 "그 후에 이 일이 있으니라"(삼하 13:1)고 기록합니다. 결국 다윗 자신이 사무엘하 11-12장에서 저지른 간음과 살인 사건들이 사무엘하 13장 이후에 다윗의 자녀들 사이에 발생합니다.

사건의 절정은 압살롬의 죽음입니다. 다윗은 압살롬의 반란을 진압하고 돌아오는 요압 장군과 신복들 앞에서 사랑하는 아들 압살롬의 죽음을 슬퍼합니다. 구스 사람의 보고를 받은 다윗은 마음이 너무 아파서 문루로 올라가서 웁니다.

"내 아들 압살롬아 내 아들 내 아들 압살롬아 내가 너를 대신하여 죽었더면, 압살롬 내 아들아 내 아들아"(삼하 18:33)

그 때에 요압은 다윗을 찾아가서 다음과 같이 직언합니다.

그러나 다윗은 사랑하는 아들 압살롬의 죽음 앞에서 절규합니다. 다윗은 차라리 자신이 죽었으면 좋았을 것이라고 통곡합니다. 다윗은 아들의 죽음 앞에서 사죄하는 심정으로 통곡합니다.

그러나 성경은 "그 후에 이 일이 있으니라"(삼하 13:1)고 경계선을 긋습니다. 즉 성경은 다윗의 잘못에 따른 인과응보의 성격으로 수많은 비극이 일어난 것을 가르쳐줍니다.

다윗의 장자 암논은 병문안을 온 아버지를 속입니다. 그는 아버지의 지시를 받고 과자를 만들어주기 위해 찾아온 이복누이 다말을 강간합니다. 압살롬은 양털 깎는 날에 아버지의 허락을 받고 왕자들의 모임을 개최합니다. 그 자리에서 압살롬은 다말을 강간한 암논을 살해합니다. 외갓집으로 도피한 압살롬은 요압의 중재로 예루살렘으로 돌아옵니다. 그 후에 다윗의 용서를 받은 압살롬은 헤브론에서 반란을 일으킵니다. 마침내 다윗의 군대장관 요압이 압살롬을 죽이고 반란을 평정함으로 모든 사건이 종결됩니다.

그러나 다윗은 압살롬의 죽음 앞에서 통곡하며 자신의 죄를 회개합니다. 다윗은 밧세바 사건 이후에 자식들 사이에 일어난 일련의 사건들에 대하여 통곡합니다.

이 모든 상황은 단호하게 자녀들을 처벌하지 못한 다윗의 잘못 때문에 일어난 일들입니다. 다윗은 자녀들에게 공의로운 처벌을 내리지 못한 나약한 사람입니다. 그 결과 압살롬이 아버지를 왕좌에서 축출하는 반란까지 일어납니다.

암논이 다말을 성폭행한 것도, 압살롬이 암논을 죽이고 그 후에 반란을 일으킨 것도 모두 다윗을 속이고 인간적인 약점을 이용한 사건들입니다. "호미로 막을 것을 가래로 막는다"는 말처럼 다윗의 공의롭지 못한 처사는 더 큰 비극을 초래한 것입니다.

따라서 사랑은 공의에 바탕을 두어야 하고, 공의는 사랑에 바탕을 두어야 합니다. 오늘날 부모가 자녀들에게 올바른 사랑과 공의를 시행하지 못하면 불행한 결과를 초래합니다.

5. 형제 사랑

"누구든지 하나님을 사랑하노라 하고 그 형제를 미워하면 이
는 거짓말하는 자니 보는 바 그 형제를 사랑치 아니하는 자가
보지 못하는바 하나님을 사랑할 수가 없느니라 우리가 이 계
명을 주께 받았나니 하나님을 사랑하는 자는 또한 그 형제를
사랑할지니라"(요일 4:20-21)

첫째, 형제 사랑은 신앙생활의 가장 성숙한 단계입니다.

사도 요한은 하나님을 사랑하는 사람은 그 형제를 사랑해야 한다고
이야기합니다. 하나님을 사랑한다고 하면서 형제를 사랑하지 않는 사
람은 거짓말하는 자라고 말합니다. 눈에 보이는 형제를 사랑하지 않는
사람이 눈에 보이지 않는 하나님을 사랑할 수 없기 때문입니다.

또한 사도 요한은 형제를 미워하는 자는 어두움 가운데 있는 자라고
책망합니다.

"빛 가운데 있다 하며 그 형제를 미워하는 자는 지금까지 어두
운 가운데 있는 자요 그의 형제를 사랑하는 자는 빛 가운데 거
하여 자기 속에 거리낌이 없으나 그의 형제를 미워하는 자는
어두운 가운데 있고 또 어두운 가운데 행하며 갈 곳을 알지 못

또한 형제를 사랑치 않는 자는 하나님께 속하지 않는 자라고 언급합
니다(요일 3:10). 의로운 아우를 죽인 가인처럼 하지 말고, 서로 사랑하
라고 부탁합니다(요일 3:12).

또한 진실한 사랑을 실천하자고 권면합니다.

예수님께서 말씀하신 양과 염소의 비유를 보면, 형제 사랑이 바로
하나님의 보좌 앞에서 상급을 받는 조건이라고 가르쳐줍니다.

신명기에 나오는 면제년의 규례를 살펴보면, 형제에게는 빚 독촉을
하지 말고 면제하라고 명령합니다(신 15:2-3). 또한 형제에게는 어떤

경우에도 이자를 받지 말라고 경고합니다.

"네가 형제에게 꾸이거든 이식을 취하지 말지니 곧 돈의 이식, 식물의 이식, 무릇 이식을 낼 만한 것의 이식을 취하지 말 것이라"(신 23:19)

다윗은 시편 133편에서 형제가 동거하는 아름다움을 노래합니다.

"형제가 연합하여 동거함이 어찌 그리 선하고 아름다운고 머리에 있는 보배로운 기름이 수염 곧 아론의 수염에 흘러서 그 옷깃까지 내림 같고 헐몬의 이슬이 시온의 산들에 내림 같도다 거기서 여호와께서 복을 명하셨나니 곧 영생이로다"(시 133:1-3)

반면에 오바댜 선지자는 형제를 사랑하지 않은 에돔 족속을 책망합니다. 에서의 자손인 에돔 족속은 위기에 처한 야곱의 자손인 이스라엘을 도와주지 않습니다. 오히려 그들은 대적과 연합하여 이스라엘의 재물을 탈취합니다.

오바댜는 이와 같은 에돔의 죄를 책망하며 경고의 메시지를 던집니다.

"네가 네 형제 야곱에게 행한 포학을 인하여 수욕을 입고 영원히 멸절되리라"(옵 1:10)

에서의 후손 에돔의 죄란 야곱의 후손 이스라엘이 재난을 당할 때에 형제 사랑을 실천하지 않은 것입니다. 단 한 장으로 구성된 메시지를 통하여 오바댜 선지자는 형제 사랑의 중요함을 깨우쳐줍니다.

아브라함은 이삭이 젖을 떼는 날에 잔치를 베풉니다. 그런데 사라는 이스마엘이 이삭을 희롱하는 것을 봅니다(창 21:9).

사라는 아브라함에게 "이 여종과 그 아들을 내어 쫓으라 이 종의 아들은 내 아들 이삭과 함께 기업을 얻지 못하리라"(창 21:10)고 요구합니다. 결국 이스마엘은 13살이나 어린 동생 이삭을 놀리다가 하갈과 함께 쫓겨납니다.

요셉의 형들도 아버지 야곱이 편애하던 17세의 어린 동생 요셉을 투기합니다. 그 결과 그들은 요셉을 이스마엘 상인들에게 넘겨 애굽으로 팔아버립니다.

모세가 구스 여자를 취하자 다른 사람도 아닌 누나 미리암과 형 아론이 모세를 비방합니다(민 12:1). 그러나 모세를 비방한 실제적인 이유는 따로 있습니다. 그들은 모세의 권위에 도전하여 "여호와께서 모세와만 말씀하셨느냐 우리와도 말씀하지 아니하셨느냐"(민 12:2)고 항변합니다.

그러나 그들의 말은 들은 모세는 결코 화를 내지 않습니다. 성경은 "이 사람 모세는 온유함이 지면의 모든 사람보다 승하더라"(민 12:3)고 기록합니다.

하나님께서는 미리암을 문둥병으로 치시고 7일 동안 진밖에 거하도록 벌하십니다.

다윗은 아버지 이새의 심부름으로 형들의 안부를 물으려고 전쟁터를 찾아갑니다. 그러나 다윗의 맏형 엘리압은 다윗을 보자 심기가 뒤틀립니다.

> "장형 엘리압이 다윗의 사람들에게 하는 말을 들은지라 그가 다윗에게 노를 발하여 가로되 네가 어찌하여 이리로 내려왔느냐 들에 있는 몇 양을 뉘게 맡겼느냐 나는 네 교만과 네 마음의 완악함을 아노니 네가 전쟁을 구경하러 왔도다"(삼상 17:28)

엘리압은 자기 대신에 기름부음을 받은 다윗을 투기한 것입니다.

예수님께서 말씀하신 비유를 보면, 탕자가 돌아왔을 때에 아버지를 비롯하여 모든 사람이 기뻐하면서 잔치를 베풉니다. 그런데 오직 한 사람 그의 형은 아버지 앞에 불평을 토로합니다.

> "저가 노하여 들어가기를 즐겨 아니하거늘 아버지가 나와서 권한대 아버지께 대답하여 가로되 내가 여러 해 아버지를 섬겨 명을 어김이 없거늘 내게는 염소 새끼라도 주어 나와 내 벗으로 즐기게 하신 일이 없더니 아버지의 살림을 창기와 함께 먹어버린 이 아들이 돌아오매 이를 위하여 살진 송아지를 잡으셨나이다"(눅 15:28-30)

성경에 나오는 최초의 살인 사건도 형 가인이 동생 아벨을 죽인 사건입니다. 그것도 원인을 살펴보면 하나님께 드린 제사 때문입니다.

세월이 지난 후에 가인은 땅의 소산으로 제물을 삼아 여호와께 드리고, 아벨은 양의 첫 새끼와 그 기름으로 드립니다. 그런데 여호와께서 아벨과 그 제물은 열납하셨으나 가인과 그 제물은 열납하지 아니하십

 101퍼센트의 **사람**

니다(창 4:3-5). 바로 그 때에 가인이 심히 분하여 안색이 변합니다.

그러자 하나님께서 가인에게 다음과 같이 말씀하십니다.

"네가 분하여 함은 어찜이며 안색이 변함은 어찜이뇨 네가 선을 행하면 어찌 낯을 들지 못하겠느냐 선을 행치 아니하면 죄가 문에 엎드리느니라 죄의 소원은 네게 있으나 너는 죄를 다스릴지니라"(창 4:6-7)

그러나 가인은 그 분노를 이기지 못하고 결국 동생 아벨을 죽이고 맙니다.

하나님 앞에 나아가는 자들은 예수님의 말씀처럼 형제 사랑을 실천해야 합니다. 형제는 어떤 상황에서라도 경쟁의식을 버리고, 투기하지 말아야 합니다. 형제 사랑은 하나님께 예물을 드리는 일보다 더 우선적이기 때문입니다.

"그러므로 예물을 제단에 드리다가 거기서 네 형제에게 원망 들을 만한 일이 있는 줄 생각나거든 예물을 제단 앞에 두고 먼저 가서 형제와 화목하고 그 후에 와서 예물을 드리라"(마 5:23-24)

셋째, 형제는 피차 사랑하고, 서로를 비방하지 말아야 합니다.

예수님께서 형제를 비방하는 자들에게 다음과 같이 경고하십니다.

"비판을 받지 아니하려거든 비판하지 말라 너희의 비판하는 그 비판으로 너희가 비판을 받을 것이요 너희의 헤아리는 그 헤아림으로 너희가 헤아림을 받을 것이니라 어찌하여 형제의

눈 속에 있는 티는 보고 네 눈 속에 있는 들보는 깨닫지 못하
느냐 보라 네 눈 속에 들보가 있는데 어찌하여 형제에게 말하
기를 나로 네 눈 속에 있는 티를 빼게 하라 하겠느냐 외식하는
자여 먼저 네 눈 속에서 들보를 빼어라 그 후에야 밝히 보고 형
제의 눈 속에서 티를 빼리라"(마 7:1-5)

또한 형제가 죄를 범할 경우에는 다음과 같은 단계를 밟아야 합니
다. 이것은 형제를 살리기 위하여 예수님께서 가르쳐주신 단계별 처방
입니다.

"네 형제가 죄를 범하거든 가서 너와 그 사람과만 상대하여 권
고하라 만일 들으면 네가 네 형제를 얻은 것이요 만일 듣지 않
거든 한두 사람을 데리고 가서 두세 증인의 입으로 말마다 증참
케 하라 만일 그들의 말도 듣지 않거든 교회에 말하고 교회의
말도 듣지 않거든 이방인과 세리와 같이 여기라"(마 18:15-17)

심지어 예수님께서는 하루 일곱 번이라도 형제를 용서하라고 말씀
하십니다.

"너희는 스스로 조심하라 만일 네 형제가 죄를 범하거든 경계
하고 회개하거든 용서하라 만일 하루 일곱 번이라도 네게 죄
를 얻고 일곱 번 네게 돌아와 내가 회개하노라 하거든 너는 용
서하라"(눅 17:3-4)

사도 바울은 "네가 어찌하여 네 형제를 판단하느뇨 어찌하여 네 형
제를 업신여기느뇨 우리가 다 하나님의 심판대 앞에 서리라"(롬 14:10)
고 경고합니다.

같은 논리로 사도 야고보는 형제를 비방하지 말라고 교훈합니다. 형제를 비방하거나 판단할 수 있는 분은 오직 하나님 한 분뿐이시기 때문입니다.

> "형제들아 피차에 비방하지 말라 형제를 비방하는 자나 형제를 판단하는 자는 곧 율법을 비방하고 율법을 판단하는 것이라 네가 만일 율법을 판단하면 율법의 준행자가 아니요 재판자로다 입법자와 재판자는 오직 하나이시니 능히 구원하기도 하시며 멸하기도 하시느니라 너는 누구관대 이웃을 판단하느냐"(약 4:11-12)

사도 베드로도 형제를 뜨겁게 사랑하라고 강조합니다. 베드로는 거짓이 없는 사랑으로 피차 사랑하라고 권면합니다.

> "너희가 진리를 순종함으로 너희 영혼을 깨끗하게 하여 거짓이 없이 형제를 사랑하기에 이르렀으니 마음으로 뜨겁게 피차 사랑하라"(벧전 1:22)

또한 베드로는 형제 사랑의 실천은 하나님의 유업을 받는 조건이라고 결론을 내립니다.

> "마지막으로 말하노니 너희가 다 마음을 같이하여 체휼하며 형제를 사랑하며 불쌍히 여기며 겸손하며 악을 악으로, 욕을 욕으로 갚지 말고 도리어 복을 빌라 이를 위하여 너희가 부르심을 입었으니 이는 복을 유업으로 받게 하려 하심이라"(벧전 3:8-9)

히브리서 기자는 주님 앞에 서는 그 날을 바라보면서 피차 격려하며 형제 사랑을 실천하라고 부탁합니다.

특별히 히브리서 기자는 "형제 사랑하기를 계속하라"(히 13:1)고 부탁합니다. 형제는 함께 구원받고, 함께 하나님 앞에 서고, 함께 유업을 받아야 하기 때문입니다.

하나님을 사랑하는 사람들은 형제를 피차 사랑하고, 결단코 비방하지 말아야 합니다. 형제 사랑은 가장 성숙한 신앙생활의 척도입니다. 또한 형제 사랑은 장차 하나님 앞에서 유업을 받을 수 있는 조건입니다. 따라서 형제는 피차 경쟁의식을 버리고, 뜨겁게 사랑해야 합니다. 그것이 하나님 앞에서 가장 아름다운 성도의 모습 가운데 하나입니다.

6. 원수 사랑

"원수를 사랑하라"는 말씀은 예수님께서 처음으로 하신 말씀이 아닙니다. 이미 모세가 레위기에서 강조한 내용을 예수님께서 인용하십니다. 모세는 레위기에서 "원수를 사랑하라"는 계명을 다음과 같이 선포합니다.

첫째, "원수를 사랑하라"는 산상수훈의 교훈을 살펴봅시다.

예수님께서 산상수훈에서 원수를 사랑하라고 교훈하십니다.

예수님의 의도는 "원수를 사랑하라"는 모세의 율법에 대한 잘못된 해석을 바로잡는 것입니다. 또 한편으로 "원수를 사랑하라"는 모세의 율법의 참뜻을 가르쳐주려는 것입니다.

먼저 예수님께서는 "또 네 이웃을 사랑하고 네 원수를 미워하라 하였다는 것을 너희가 들었으나"라고 지적하십니다. 이것은 당시의 백성들이 얼마나 율법을 왜곡하고 있는가를 보여줍니다. 그들은 "네 원수를 미워하라"고 가르친 것입니다.

제일 나쁜 거짓말은 동사를 바꾸는 것입니다. 그들은 "사랑하라"는 동사를 "미워하라"는 동사로 바꾸어 그 뜻을 180도 왜곡한 것입니다. 예수님의 지적은 모세의 율법을 의도적으로 곡해한 부분을 밝혀줍니다.

그 후에 예수님께서 모세의 율법에서 "원수를 사랑하라"고 명하신 말씀의 올바른 뜻을 가르쳐줍니다.

예수님께서는 평행법적 형식으로 사랑의 의미를 보충하십니다. 예수님의 해석을 살펴보면 "너희 원수"와 "너희를 핍박하는 자"가 동의어입니다. "사랑하라"와 "기도하라"가 동의어입니다.

원수의 특징은 핍박하는 것이고, 사랑을 표현하는 구체적 방법 가운데 하나는 기도하는 것입니다. 예수님께서 너희를 핍박하는 원수를 위해서 기도함으로 사랑을 표현하라고 구체적으로 가르쳐주십니다.

또한 원수 사랑을 실천해야 할 이유를 깨우쳐주십니다.

하나님 아버지의 아들의 참된 모습은 자기를 핍박하는 원수를 위하여 사랑하는 마음으로 기도하는 것이라고 가르쳐주십니다. 왜냐하면 아들은 아버지를 닮아야 하기 때문입니다.

예수님께서 햇빛을 악인과 선인에게 비추시고, 비를 의로운 자와 불의한 자에게 내리시는 아버지의 모습을 그려주십니다(마 5:45). 예수님의 가르침은 우리 모두가 하나님 아버지의 모습을 닮아야 한다는 것입니다.

또한 주님께서 "너희가 너희를 사랑하는 자를 사랑하면 무슨 상이 있으리요 세리도 이같이 아니하느냐"(마 5:46)라고 반문하십니다. 하늘의 상급을 받으려면, 세리보다 높은 수준의 사랑을 실천해야 한다고 강조하십니다.

둘째, "원수를 사랑하라"는 누가복음의 교훈을 살펴봅시다.
누가복음도 원수 사랑에 대한 예수님의 교훈을 기록합니다.

예수님께서 가르쳐주신 원수 사랑의 구체적 방법과 결과와 이유를 기록합니다. 원수 사랑의 구체적 방법은 선을 행하는 것과 무엇이든지 돌려받을 것을 기대하지 말고 빌려주라는 것입니다.

이와 같이 구체적인 방법으로 원수를 사랑한 결과는 큰 상을 받는 것과 하나님의 아들이 되는 것입니다. 또한 구체적으로 원수 사랑을 실천해야 할 이유는 하나님께서 은혜를 모르는 자와 악한 자에게도 인자로우신 분이기 때문입니다.

또한 누가복음은 한 걸음 더 나아가서 마태복음보다 더 많은 의미를 평행법적 형식으로 보충합니다.

"그러나 너희 듣는 자에게 내가 이르노니 너희 원수를 사랑하며 너희를 미워하는 자를 선대하며 너희를 저주하는 자를 위하여 축복하며 너희를 모욕하는 자를 위하여 기도하라"(눅 6:27-28)

마태는 "너희 원수"를 "너희를 핍박하는 자"라고 반복합니다. 그러나 누가는 "너희 원수"의 동격으로 "너희를 미워하는 자"와 "너희를 저주하는 자"와 "너희를 모욕하는 자"를 언급합니다. 마태는 "사랑하라"는 구체적 의미로 "기도하라"고 강조합니다. 그러나 누가는 "사랑하라"는 의미를 "선대하라"와 "축복하라"와 "기도하라"는 세 가지 구체적 표현으로 반복합니다.

예수님의 가르침은 유무형의 모든 방법으로 정신적 피해와 물질적 피해를 준 원수를 사랑하라는 것입니다. 또한 원수를 사랑하는 구체적 방법은 선을 행하고, 축복하고, 기도하라는 것입니다.

 101퍼센트의 사랑

사도 바울은 로마서 12장에서 원수 사랑의 교훈을 확장합니다.

"너희를 핍박하는 자를 축복하라 축복하고 저주하지 말라 즐거워하는 자들로 함께 즐거워하고 우는 자들로 함께 울라 서로 마음을 같이하며 높은 데 마음을 두지 말고 도리어 낮은 데 처하며 스스로 지혜 있는 체 말라 아무에게도 악으로 악을 갚지 말고 모든 사람 앞에서 선한 일을 도모하라 할 수 있거든 너희로서는 모든 사람으로 더불어 평화하라"(롬 12:14-18)

마틴 루터는 성경이 반지라면, 로마서는 보석이고, 그 가운데 로마서 12장은 보석의 가장 빛나는 부분이라고 극찬합니다.

바로 그 빛나는 부분에서 바울은 원수 사랑의 교훈을 이야기합니다. 바울은 "너희를 핍박하는 자를 축복하라 축복하고 저주하지 말라"고 권면합니다. 이것은 단순한 무저항주의가 아닙니다. 내 잔에 넘친 하나님의 사랑으로 원수를 저주하는 대신에 축복하라는 것입니다.

또한 바울은 "아무에게도 악으로 악을 갚지 말고 모든 사람 앞에서 선한 일을 도모하라"고 권면합니다. 그 누구와도 원수를 맺지 말라는 것입니다. 성도의 삶의 목적은 하나님의 사랑을 베푸는 일이기 때문입니다.

무협지의 이야기를 이끄는 힘은 일편단심 원수에 대한 복수심입니다. 만약 무협지처럼 악으로 악을 갚는다면, 결코 그 불행은 끝나지 않습니다. 성도의 삶은 가슴에 맺힌 원한을 풀려고 사는 인생이 아닙니다. 따라서 바울은 "할 수 있거든 너희로서는 모든 사람으로 더불어 평화하라"고 부탁합니다.

성도의 삶은 하나님과 나 사이에도 평화가 있어야 하지만, 사람과 사람 사이에도 평화가 있어야 합니다. 하나님과 나 사이에 평화를 가져오는 방편은 회개입니다. 그런 의미에서 예수님께서 "회개하라 천국이 가까왔느니라"(마 4:17)고 외치십니다.

반면에 사람과 사람 사이에 평화를 가져오는 방편은 용서입니다. 일흔 번씩 일곱 번이라도 용서하라는 예수님의 말씀은 우리 자신의 행복한 삶을 위한 것입니다(마 18:21-22). 마음에 원한을 풀고 용서하지 않는다면, 그 원한은 자신의 인생을 망가뜨리기 때문입니다.

사도 바울은 원수를 사랑하고 용서해야 하는 까닭을 설명해줍니다.

"내 사랑하는 자들아 너희가 친히 원수를 갚지 말고 진노하심에 맡기라 기록되었으되 원수 갚는 것이 내게 있으니 내가 갚으리라고 주께서 말씀하시니라 네 원수가 주리거든 먹이고 목마르거든 마시우라 그리함으로 네가 숯불을 그 머리에 쌓아 놓으리라 악에게 지지 말고 선으로 악을 이기라"(롬 12:19-21)

바울은 원수를 향한 하나님과 우리의 업무 분담을 이야기합니다. 원수를 갚는 것은 하나님의 일입니다. 그러나 원수를 돌보는 것은 우리의 일입니다. 따라서 원수를 갚으려고 애쓰지 말고, 하나님의 진노하심에 맡기라고 합니다. 하나님께서 진노하시면 그 누구도 온전할 수 없기 때문입니다.

하나님의 진노를 받을 원수를 불쌍히 여기고 사랑한다면, 하나님께서 우리에게 더 큰 상급을 주실 것입니다. 그 원수가 하나님 앞에 회개

 101퍼센트의 사랑

한다면, 하나님께서 니느웨 성을 용서하신 것처럼 용서하실 것입니다. 하나님께서는 모든 사람이 구원을 받으며 진리를 아는데 이르기를 원하시기 때문입니다(딤전 2:4). 또한 주님께서 아무도 멸망치 않고 다 회개하기에 이르기를 원하시기 때문입니다(벧후 3:9).

그럼에도 불구하고 그 원수가 회개치 않는다면, 그 원수는 하나님의 더 큰 진노를 받을 것입니다.

이와 같은 바울의 논리는 잠언의 논리를 따르고 있습니다. 잠언은 "네 원수가 배고파하거든 식물을 먹이고 목말라하거든 물을 마시우라 그리하는 것은 핀 숯으로 그의 머리에 놓는 것과 일반이요 여호와께서는 네게 상을 주시리라"(잠 25:21-22)고 교훈합니다.

잠언의 교훈은 원수를 향하여 사랑의 선행을 베풀라는 것입니다. 왜냐하면 원수를 사랑하는 일은 그 원수의 머리 위에 진노의 숯불을 쌓는 일이고, 동시에 우리에게 상급을 쌓는 일이기 때문입니다.

이와 같이 "원수를 갚는 것"은 하나님의 일이고, "원수를 사랑하는 것"은 우리의 일입니다.

"네가 선보다 악을 사랑하며 의를 말함보다 거짓을 사랑하는
도다"(시 52:3)

첫째, 결혼에 관한 창조규례를 지켜야 합니다.

인간관계의 기본은 부부관계입니다. 부부관계가 깨지면 모든 관계
가 허물어지고 맙니다. 따라서 성경은 철저하게 일부일처제를 강조합
니다.

하나님의 자녀들은 하나님께서 짝지어 주신 배필을 만나야 합니다.
이혼은 성경적으로 불가능하기 때문입니다. 하나님의 뜻을 벗어난 잘
못된 만남으로 시작한 잘못된 사랑은 불행을 초래합니다.

성경의 수많은 사례들은 잘못된 사랑이 가져다주는 결과가 무엇인
가를 잘 보여줍니다.

동시에 성경은 우리 모두에게 창조규례에 따른 하나님의 경계선 안
에서 아름다운 사랑을 나누라고 교훈합니다. 그것이 하나님께서 사람
에게 허락하신 분복이기 때문입니다.

"네 헛된 평생의 모든 날 곧 하나님이 해 아래서 네게 주신 모
든 헛된 날에 사랑하는 아내와 함께 즐겁게 살지어다 이는 네

그런데 바리새인들은 이혼의 문제로 예수님을 시험합니다(마 19:3-9).

그 때에 예수님께서 바리새인들에게 창조의 규례를 인용하여 말씀하십니다.

"사람을 지으신 이가 본래 저희를 남자와 여자로 만드시고 말씀하시기를 이러므로 사람이 그 부모를 떠나서 아내에게 합하여 그 둘이 한 몸이 될지니라 하신 것을 읽지 못하였느냐"(마 19:4-5)

그러자 바리새인들은 모세의 이혼증서 문제로 재차 예수님을 시험합니다. 예수님께서 다음과 같이 대답하십니다.

"모세가 너희 마음의 완악함을 인하여 아내 내어 버림을 허락하였거니와 본래는 그렇지 아니하니라 내가 너희에게 말하노니 누구든지 음행한 연고 외에 아내를 내어 버리고 다른 데 장가드는 자는 간음함이니라"(마 19:8-9)

말라기 선지자도 어려서 취한 아내에게 궤사를 행하지 말라고 교훈합니다. 그런 경우에는 어떤 헌물도 바쳐도 하나님께서 받지 아니하신다고 경고합니다(말 2:13-14).

또한 하나님께서 미워하시는 자들을 거론하면서 결혼에 대한 하나님의 규례를 지키라고 이야기합니다.

"이스라엘의 하나님 여호와가 이르노니 나는 이혼하는 것과 학대로 옷을 가리우는 자를 미워하노라 만군의 여호와의 말이니라 그러므로 너희 심령을 삼가 지켜 궤사를 행치 말지니라”

(말 2:16)

예수님께서 산상수훈에서도 이혼에 관한 교훈을 주십니다.

“또 일렀으되 누구든지 아내를 버리거든 이혼 증서를 줄 것이

라 하였으나 나는 너희에게 이르노니 누구든지 음행한 연고 없

이 아내를 버리면 이는 저로 간음하게 함이요 또 누구든지 버

린 여자에게 장가드는 자도 간음함이니라”(마 5:31-32)

예수님의 결론은 하나님께서 정하신 결혼에 대한 창조규례를 따르
는 것입니다.

“창조시로부터 저희를 남자와 여자로 만드셨으니 이러므로 사

람이 그 부모를 떠나서 그 둘이 한 몸이 될지니라 이러한즉 이

제 둘이 아니요 한 몸이니 그러므로 하나님이 짝지어 주신 것

을 사람이 나누지 못할지니라”(막 10:6-9)

둘째, 창조규례를 깨뜨리는 음행을 멀리해야 합니다.

참된 사랑은 하나님께서 정하신 경계선을 넘어가지 않는 것입니다.
하나님의 백성들은 무엇보다도 하나님의 창조규례를 지키고, 결혼규례
의 경계선을 넘지 말아야 합니다.

성경은 결혼 규례를 깨뜨리는 음행의 문제를 엄격하게 다룹니다. 또
한 성경은 우상숭배를 영적인 음행으로 취급하며 엄중하게 경고합니다.

사도행전 15장에서 예루살렘 공회를 소집하여 이방인 전도에서 야
기된 할례의 문제를 다룹니다. 모든 토론과 논쟁을 거친 후에 야고보는

다음과 같이 결론을 내립니다.

음행은 초대교회가 예루살렘 공회에서 결정한 네 가지 금령 가운데 하나입니다.

사도 바울은 음행의 문제를 다루면서 다음과 같이 교훈합니다.

바울은 세상의 음행하는 모든 자들과 사귀지 말라는 것이 아닙니다. 바울이 강조하는 것은 그리스도를 믿는 형제 가운데 그런 일이 있을 경우에 사귀지도 말고 함께 먹지도 말라는 것입니다.

왜냐하면 하나님께서 세상 사람들보다 믿는 자들에게 더 높은 도덕적 기준을 요구하기 때문입니다.

히브리서 기자는 "모든 사람은 혼인을 귀히 여기고 침소를 더럽히지 않게 하라 음행하는 자들과 간음하는 자들을 하나님이 심판하시리라"(히 13:4)고 경고합니다.

사도 요한은 세상을 음행으로 물들이는 정체를 밝혀 줍니다. 하나님의 자녀들을 미혹하는 주체는 "여자 이세벨" 또는 "큰 음녀 바벨론"이라 불리는 사단입니다(계 2:20-23; 18:2-3; 19:2). 음녀는 "오라 우리가 아침까지 흡족하게 서로 사랑하며 사랑함으로 희락하자"(잠 7:18)라고 유혹합니다.

가장 지혜로운 왕 솔로몬이라도 음행의 유혹에서 자유로울 수 없습니다. 느헤미야는 당시 백성들의 이방혼인을 책망하면서 솔로몬을 예로 듭니다. 그는 "옛적에 이스라엘 왕 솔로몬이 이 일로 범죄하지 아니하였느냐 저는 열국 중에 비길 왕이 없이 하나님의 사랑을 입은 자라 하나님이 저로 왕을 삼아 온 이스라엘을 다스리게 하셨으나 이방 여인이 저로 범죄케 하였나니"(느 13:26)라고 이야기합니다. 하나님의 사랑을 받은 지혜로운 왕 솔로몬마저도 이방 여인들과 음행하다가 하나님을 떠나고 맙니다.

모든 성도들은 다음과 같은 잠언의 말씀을 경계선으로 삼아야 합니다. 즉 자기 정욕과의 싸움에서 승리해야 합니다.

"네 마음에 그 아름다운 색을 탐하지 말며 그 눈꺼풀에 홀리지 말라 음녀로 인하여 사람이 한 조각 떡만 남게 됨이며 음란한 계집은 귀한 생명을 사냥함이니라 사람이 불을 품에 품고야 어찌 그 옷이 타지 아니하겠으며 사람이 숯불을 밟고야 어찌 그 발이 데지 아니하겠느냐 남의 아내와 통간하는 자도 이와 같

을 것이라 무릇 그를 만지기만 하는 자도 죄 없게 되지 아니하
리라"(잠 6:25-29)

셋째, 창조규례를 벗어난 잘못된 사랑은 비극적 결말을 가져옵니다.

아름다운 사랑은 하나님께서 정하신 창조규례 안에서 사랑하는 것입니다. 창조규례를 벗어나서 경계선을 지키지 못하면 잘못된 사랑일 수밖에 없습니다.

타락한 사람은 하나님의 경계선을 지키기보다 벗어나기가 훨씬 쉽지만 잘못된 사랑은 비극을 초래한다는 것을 명심해야 합니다.

성경의 사례들을 통하여 잘못된 사랑이 가져온 결과를 살펴봅시다.

(1) 노아 시대

노아 시대에는 하나님의 아들들이 사람의 딸들의 아름다움을 보고 자기들의 좋아하는 모든 자로 아내를 삼습니다(창 6:2). 그들은 하나님의 뜻을 묻지 않고 자기들의 뜻대로 결혼을 합니다. 사사시대의 백성들처럼 하나님을 왕좌에서 몰아내고 자기 마음대로 결정한 것입니다.

"그 때에 이스라엘에 왕이 없으므로 사람이 각각 그 소견에 옳은 대로 행하였더라"(삿 21:25)

노아 시대에는 하나님의 규례를 벗어난 잘못된 결혼의 풍조가 만연합니다. 그 결과 세상에는 죄악이 넘쳐납니다. 하나님께서 사람을 만드신 것을 후회하고 한탄하십니다. 당시의 백성들이 결혼에 관한 하나님

의 창조규례를 따르지 않습니다.

마침내 하나님께서 대홍수로 온 세상을 심판하십니다. 대홍수란 그 당시의 사람들이 하나님의 규례를 지키지 않은 결과로 찾아온 것입니다.

(2) 아브라함과 하갈

아브라함과 하갈의 잘못된 사랑은 영원한 불행을 초래합니다.

아브라함과 사라는 애굽 여종 하갈을 통하여 아들을 낳아 하나님의 언약을 성취하기로 합의합니다(창 16:1-2). 아브라함과 사라는 하나님의 때를 기다리지 못하고, 사람의 방법으로 하나님의 언약을 성취하려고 시도합니다.

아담이 하와의 요구를 받아들여 선악과를 먹은 것처럼, 아브라함은 사라의 요구대로 하갈과 잘못된 사랑을 나눕니다. 하나님의 언약을 성취한다는 명분은 그럴듯해 보입니다. 그러나 이스마엘의 출생은 그들의 기대와 전혀 다른 결과를 초래합니다(창 16:4-5).

결혼에 대한 창조규례를 어긴 아브라함과 사라는 결국 하갈과 이스마엘을 내쫓기까지 커다란 불화를 경험합니다. 뿐만 아니라 현재까지도 이삭의 후손과 이스마엘의 후손 사이의 갈등 때문에 세계의 평화가 위협을 받고 있습니다.

(3) 디나와 세겜

디나와 세겜의 잘못된 사랑은 커다란 불행을 가져옵니다.

야곱의 딸 디나는 세겜 성 여인들을 구경하러 나갑니다. 그런데 그 땅 추장인 세겜이 그녀를 보고 강간합니다(창 34:1-2). 그 후에 세겜은 디나를 사랑하고, 부친 하몰에게 결혼 승낙을 요청합니다(창 34:3-4).

그러나 세겜과 디나의 잘못된 사랑은 엄청난 파장을 몰고 옵니다. 결과적으로 야곱의 가문과 세겜 성 사람들 사이에 커다란 전쟁이 일어납니다.

디나의 오라버니인 시므온과 레위는 세겜을 속입니다. 그들은 디나의 결혼을 승낙하는 조건으로 세겜 성의 모든 남자들에게 할례를 요구합니다. 그 후에 그들은 할례의 고통이 가장 심한 제 삼일에 세겜 족속들을 모조리 살해합니다.

야곱은 두려움 속에 그곳을 떠나서 벧엘로 올라갑니다(창 35:1-5).

(4) 삼손과 들릴라

블레셋 사람들은 들릴라에게 은 1,100개를 주고 삼손을 유혹하여 힘의 근원을 찾아내라고 합니다(삿 16:4-5). 들릴라는 사랑을 확인한다는 명분으로 삼손에게 힘의 근원을 알려달라고 네 번이나 요구합니다(삿 16:6,10,13,15).

날마다 반복되는 들릴라의 재촉에 삼손은 나실인의 규례를 어기고 들릴라에게 머리카락을 자르면 힘이 없어진다는 사실을 실토하고 맙니다(삿 16:17).

결국 삼손은 머리카락이 잘리고 눈이 뽑힙니다. 삼손은 블레셋의 원형경기장에서 재롱을 부리는 신세로 전락합니다(삿 16:25-27). 삼손은 쉬는 시간에 경기장의 두 기둥을 붙잡고 마지막으로 하나님께 힘을 달라고 부르짖습니다.

그리하여 삼손은 경기장의 기둥을 넘어뜨리고, 살았을 때 죽인 것보다 더 많은 블레셋 사람들을 죽입니다. 그리고 자신도 죽음을 맞이합니다.(삿 16:28-31)

(5) 다윗과 밧세바

다윗은 군대장관 요압과 군사들을 전쟁터로 보내고, 자신은 예루살렘에 남습니다. 그는 저녁 무렵에 왕궁 지붕을 거닐다가 목욕하던 한 여인을 목격합니다. 그 여인이 바로 충신 우리아의 아내 밧세바입니다. 다윗은 밧세바를 왕궁으로 데려다가 동침합니다.

다윗은 그 사실을 숨기려고 전선에 있던 우리아를 예루살렘으로 불러들입니다. 그러나 충신 우리아는 전선에 있는 동료들을 생각하며 자기 집으로 내려가지 않습니다. 다윗의 첫 번째 작전이 실패한 것입니다.

다윗은 자신의 범행을 숨기려고 두 번째 작전에 돌입합니다. 다윗은 우리아를 통해 요압에게 편지를 보냅니다. 다윗의 편지를 받은 요압은 다윗의 지시대로 우리아를 최선에 배치시키고 군사들을 퇴각시킵니다. 요압은 다윗에게 패전 소식과 함께 헷 사람 우리아의 죽음을 전달합니다. 다윗의 범죄는 완전범죄로 끝이 납니다.

그러나 하나님께서 선지자 나단을 통해 다윗을 책망합니다. 나단의 책망을 받은 다윗은 하나님 앞에 자기의 죄를 인정하고 눈물로 회개합니다. 또한 하나님의 징계로 밧세바가 낳은 첫 번째 아이는 세상을 떠납니다. 그 후에야 하나님께서 회개한 다윗에게 솔로몬을 주시고 위로

 101퍼센트의 사랑

하십니다.

이와 같이 다윗과 밧세바의 잘못된 사랑은 충신 우리아와 죄 없는 아이가 세상을 떠나는 끔찍한 결과를 초래합니다.(삼하 11-12장)

(6) 솔로몬과 이방 여인들

솔로몬과 이방 여인들의 잘못된 사랑은 솔로몬의 몰락을 가져옵니다.

솔로몬은 하나님의 성전을 건축하고 하나님의 사랑을 받은 가장 지혜로운 왕입니다. 그러나 이방 여인들을 향한 잘못된 사랑 때문에 솔로몬은 멸망의 길로 달려갑니다.

"솔로몬 왕이 바로의 딸 외에 이방의 많은 여인을 사랑하였으니 곧 모압과 암몬과 에돔과 시돈과 헷 여인이라 여호와께서 일찌기 이 여러 국민에게 대하여 이스라엘 자손에게 말씀하시기를 너희는 저희와 서로 통하지 말며 저희도 너희와 서로 통하게 말라 저희가 정녕코 너희의 마음을 돌이켜 저희의 신들을 좇게 하리라 하셨으나 솔로몬이 저희를 연애하였더라"(왕상 11:1-2)

솔로몬의 후비 700명과 빈장 300명은 하나님을 사랑하던 솔로몬의 마음을 돌이켜 아스다롯, 밀곰, 그모스와 같은 이방 신들을 좇게 만듭니다. 이방 여인들을 향한 잘못된 사랑 때문에 늙은 솔로몬의 마음은 그 부친 다윗의 마음과 같지 않습니다.

결국 하나님을 온전히 좇지 못한 솔로몬은 노년에 하나님의 진노를 받습니다(왕상 11:3-9).

(7) 아합과 이세벨

아합과 이세벨의 잘못된 사랑은 북쪽 이스라엘 역사상 가장 악한 시대를 만듭니다. 성경은 아합의 시대를 다음과 같이 묘사합니다.

> "오므리의 아들 아합이 그 전의 모든 사람보다 여호와 보시기에 악을 더욱 행하여 느밧의 아들 여로보암의 죄를 따라 행하는 것을 오히려 가볍게 여기며 시돈 사람의 왕 엣바알의 딸 이세벨로 아내를 삼고 가서 바알을 섬겨 숭배하고 사마리아에 건축한 바알의 사당 속에 바알을 위하여 단을 쌓으며 또 아세라 목상을 만들었으니 저는 그전의 모든 이스라엘 왕보다 심히 이스라엘 하나님 여호와의 노를 격발하였더라"(왕상 16:30-33)

여호수아는 여리고 정복 후에 여리고 재건을 금지하는 명령을 내립니다. 그 누구도 감히 여호수아의 명령을 어길 생각을 하지 못합니다.

> "여호수아가 그 때에 맹세로 무리를 경계하여 가로되 이 여리고 성을 누구든지 일어나서 건축하는 자는 여호와 앞에서 저주를 받을 것이라 그 기초를 쌓을 때에 장자를 잃을 것이요 문을 세울 때에 계자를 잃으리라 하였더라"(수 6:26)

그런데 아합 왕의 시대에 벧엘 사람 히엘이 여호수아의 명령을 어기고 여리고 성을 재건하는 사건이 발생합니다. 그 사건은 아합의 시대가 얼마나 악한 시대인가를 보여주는 강력한 증거입니다.

> "그 시대에 벧엘 사람 히엘이 여리고를 건축하였는데 저가 그 터를 쌓을 때에 맏아들 아비람을 잃었고 그 문을 세울 때에 말째 아들 스굽을 잃었으니 여호와께서 눈의 아들 여호수아로 하

 101퍼센트의 **사랑**

또한 아합의 딸 아달랴가 유다 왕 여호사밧의 아들 여호람의 아내가 됩니다. 여호사밧은 정략결혼으로 아합의 가문과 사돈을 맺고 남북 평화시대를 엽니다. 그러나 정략결혼의 또 다른 결과는 북쪽의 우상숭배가 남쪽 유다로 내려오는 계기를 만듭니다. 아달랴가 남쪽 유다로 가져온 결혼패물이 바알과 아세라의 우상숭배이기 때문입니다.

그 후에 아달랴는 성경의 역사상 가장 처참한 비극의 주인공이 됩니다. 아달랴의 부친 아합이 길르앗 라못 전투에서 전사합니다. 그녀의 모친 이세벨은 예후에게 살해당합니다. 그녀의 친정 오라버니 아하시야와 여호람이 죽임을 당하고 그녀의 남편 여호람과 아들 아하시야가 죽임을 당합니다.

이와 같은 비극을 겪은 아달랴는 다윗의 모든 후손을 살해하고 스스로 왕좌에 올라 7년 동안 남쪽 유다를 통치합니다.

그러나 대제사장 여호야다가 아달랴의 만행 가운데 다윗의 자손 요아스를 살려내어 성전에서 양육합니다. 여호야다의 반정으로 7세의 요아스가 왕좌에 오릅니다. 마침내 아달랴가 마문에서 살해를 당함으로 비극은 끝이 납니다.

하나님을 두려워하지 않고 우상숭배에 몰두한 아합과 이세벨의 잘못된 사랑, 정략결혼으로 맺어진 여호사밧의 아들 여호람과 아합의 딸 아달랴의 잘못된 사랑 때문에 이스라엘과 유다의 역사가 피로 물든 것입니다(왕상 22장-왕하 9장).

제5부

사랑은 결단하는 것

1. 하나님의 사랑을 깨달으면

"내가 오늘날 네게 명한 이 명령은 네게 어려운 것도 아니요 먼 것도 아니라 하늘에 있는 것이 아니니 네가 이르기를 누가 우리를 위하여 하늘에 올라가서 그 명령을 우리에게로 가지고 와서 우리에게 들려 행하게 할꼬 할 것이 아니요 이것이 바다 밖에 있는 것이 아니니 네가 이르기를 누가 우리를 위하여 바다를 건너가서 그 명령을 우리에게로 가지고 와서 우리에게 들려 행하게 할꼬 할 것도 아니라 오직 그 말씀이 네게 심히 가까와서 네 입에 있으며 네 마음에 있은즉 네가 이를 행할 수 있느니라"(신 30:11-14)

같은 시간에, 같은 장소에서, 같은 일을 하더라도 사랑하면 쉽습니다.

예를 들면 새벽 5시에 10년 만에 유학을 마치고 미국에서 귀국하는 아들을 마중하러 인천공항에 나간다고 생각해봅시다. 그리고 같은 새벽 시간에 미국으로 이민을 떠났던 오촌 아저씨의 전화를 받고 마중하러 나간다고 생각해봅시다.

같은 시간에 공항에 나가는 일이지만 두 경우는 느낌이 전혀 다릅니다.

아들을 마중하는 일은 얼마나 설레는 일이겠습니까? 미국으로 유학을 떠난 아들을 10년 만에 만나는 일은 생각만 해도 행복한 일입니다. 그런데 그 아들이 학위를 받고 귀국한다면, 비록 새벽 5시에 마중한다고 해도 밤잠을 설치도록 가슴 벅찬 일일 것입니다.

그렇지만 같은 시간이라도 오촌 아저씨의 부탁으로 마중을 나간다면 얼마나 힘들겠습니까? 그러나 사랑하는 사람을 만나러 간다면 언제 어디를 가더라도 결코 힘들지 않을 것입니다.

이처럼 같은 시간에, 같은 장소에서, 같은 일을 하더라도 경우에 따라서 다릅니다. 어떤 경우에 쉽고 어떤 경우에 힘이 듭니까? 그것은 한 마디로 사랑의 차이입니다.

사랑하는 사람을 위해서라면 언제 어디서 무슨 일을 하더라도 기쁨이 충만할 것입니다. 그러나 사랑이 식어지거나 사랑하지 않는 경우라면 어떤 일이라도 결코 쉽지 않을 것입니다.

하나님을 섬기는 일도 마찬가지입니다. 하나님의 사랑을 깨닫고 하나님의 은혜를 체험한 사람이라면, 결코 힘들지 않을 것입니다. 감사와 기쁨이 넘치는 자세로 하나님을 섬길 수 있을 것입니다.

그러나 하나님의 사랑을 깨닫지 못한 사람이라면, 그 자체가 무거운 짐이 될 것입니다. 단순한 책임과 의무만으로 하나님을 섬기는 것은 모든 사람을 힘들게 만들 것입니다.

첫째, 하나님의 사랑을 깨달으면 하나님을 섬기는 일이 쉽습니다.

구원의 첫 번째 단계는 하나님의 사랑을 확신하는 것입니다. "하나님께서 당신을 사랑하시고, 당신을 위한 놀라운 계획을 갖고 계십니다!'라는 사영리의 첫 번째 원리를 믿어야 합니다.

바울처럼 하나님의 사랑을 깨달아야 합니다. 그는 자신의 삶을 "나를 사랑하사 나를 위하여 자기 몸을 버리신 하나님의 아들을 믿는 믿음 안에서 사는 것"(갈 2:20)이라 고백합니다.

또한 다윗처럼 하나님의 사랑을 다음과 같이 확신해야 합니다. 조금도 하나님의 사랑을 의심하지 말아야 합니다.

"나의 힘이 되신 여호와여 내가 주를 사랑하나이다 여호와는 나의 반석이시요 나의 요새시요 나를 건지시는 자시요 나의 하나님이시요 나의 피할 바위시요 나의 방패시요 나의 구원의 뿔이시요 나의 산성이시로다"(시 18:1-2)

이 말씀은 그 모든 원수와 사울의 손에서 다윗이 구원받은 날에 하나님께 드린 사랑의 고백입니다. 다윗은 자기를 구원하신 분이 바로 하나님이심을 깨닫습니다. 하나님의 은혜로 구원받은 다윗은 하나님의 사랑을 확신합니다. 그는 전쟁터에서 자기를 지켜주신 하나님의 사랑을 깨닫습니다.

다윗은 모든 전리품을 하나님의 성전건축을 위하여 바칩니다. 그러나 그는 많은 재물을 하나님께 바치면서도 결코 자기를 자랑하지 않습니다. 오히려 그는 많은 재물을 드릴 수 있는 힘을 주신 하나님께 영광을 돌립니다. 많은 재물로 하나님을 섬기는 일이 다윗에게는 결코 무거운 짐이 아닙니다. 오히려 하나님을 섬기는 그 일 때문에 다윗은 너무 기쁘고 감사할 따름입니다.

"나와 나의 백성이 무엇이관대 이처럼 즐거운 마음으로 드릴 힘이 있었나이까 모든 것이 주께로 말미암았사오니 우리가 주의 손에서 받은 것으로 주께 드렸을 뿐이니이다"(대상 29:14)

한 번은 예수님께서 바리새인 시몬의 집에 초대를 받습니다. 그 자리에서 죄인인 한 여자가 옥합을 깨뜨려서 주님의 발에 붓고 머리털로 씻어드립니다. 그것을 보고 시몬은 비난합니다.

예수님께서 비난하는 시몬에게 "저의 많은 죄가 사하여졌도다 이는 저의 사랑함이 많음이라 사함을 받은 일이 적은 자는 적게 사랑하느니라"(눅 7:47)고 교훈하십니다.

진실로 하나님을 사랑하면, 아무리 귀한 것도 드릴 수 있는 힘이 생깁니다. 다윗처럼, 그리고 옥합을 깨뜨린 여인처럼 하나님의 사랑을 확신한다면, 아무리 귀한 것으로 섬겨도 결코 힘들지 않습니다.

둘째, 하나님의 사랑을 깨달으면 계명을 지키는 일이 쉽습니다.

예수님께서 "너희가 나를 사랑하면 나의 계명을 지키리라"(요

14:15)고 말씀하십니다. 또한 주님은 "내 계명은 곧 내가 너희를 사랑한 것같이 너희도 서로 사랑하라 하는 이것이니라"(요 15:12)고 이야기합니다.

사도 요한도 "그의 계명은 이것이니 곧 그 아들 예수 그리스도의 이름을 믿고 그가 우리에게 주신 계명대로 서로 사랑할 것이니라"(요일 3:23)고 가르쳐줍니다.

요한은 하나님의 계명을 지키는 사람이 곧 하나님을 사랑하는 사람이라고 부릅니다. 또한 하나님의 계명이란 하나님의 사랑을 깨닫고 서로 사랑하라는 것이라고 정의합니다.

따라서 하나님의 사랑을 깨닫지 못한다면, 그 누구라도 서로 사랑하라는 계명을 지키는 것이 쉬운 일이 아닙니다.

요한은 하나님을 사랑하고 그의 계명을 지키는 것이 하나님의 자녀라는 증거라고 말합니다.

"예수께서 그리스도이심을 믿는 자마다 하나님께로서 난 자니 또한 내신 이를 사랑하는 자마다 그에게서 난 자를 사랑하느니라 우리가 하나님을 사랑하고 그의 계명들을 지킬 때에 이로써 우리가 하나님의 자녀 사랑하는 줄을 아느니라"(요일 5:1-2)

하나님의 사람 모세는 하나님의 계명을 이스라엘 백성들에게 전달한 주인공입니다. 그러나 모세는 계명을 지키는 일이 결코 어려운 일이 아니라고 이야기합니다. 왜냐하면 우리를 사랑하시고 우리가 사랑하는 하나님의 말씀이 우리 마음에 있기 때문입니다(신 30:11-14).

 101퍼센트의 *사랑*

누구든지 하나님을 사랑하고 하나님의 계명을 마음에 간직한 사람들은 계명을 지키는 것이 가슴이 설레도록 행복한 일입니다.

주님께서 부탁하신 계명은 "서로 사랑하라"는 것입니다. 또한 하나님을 사랑하고 하나님의 계명을 지키는 사람을 하나님께서 사랑하십니다. 최후의 만찬을 드시던 예수님께서 제자들에게 그 사실을 강조하십니다.

주님께서 "나의 계명을 가지고 지키는 자라야 나를 사랑하는 자니 나를 사랑하는 자는 내 아버지께 사랑을 받을 것이요, 나도 그를 사랑하여 그에게 나를 나타내리라"(요 14:21)고 말씀하십니다.

또한 주님께서는 사랑의 계명을 지키는 자를 사랑한다는 사실을 강조하십니다.

"내가 아버지의 계명을 지켜 그의 사랑 안에 거하는 것같이 너희도 내 계명을 지키면 내 사랑 안에 거하리라"(요 15:10)

그런 의미에서 시편 기자는 "나의 사랑하는바 주의 계명을 스스로 즐거워하며 또 나의 사랑하는바 주의 계명에 내 손을 들고 주의 율례를 묵상하리이다"(시 119:47-48)라고 고백합니다. 그는 계속하여 "내가 주의 법을 어찌 그리 사랑하는지요 내가 그것을 종일 묵상하나이다"(시 119:97)라고 증언합니다. 또한 그는 "그러므로 내가 주의 계명을 금 곧 정금보다 더 사랑하나이다"(시 119:127)라고 이야기합니다.

하나님을 사랑하면 시편 기자처럼 하나님의 계명을 지키는 일은 결코 어렵지 않습니다. 하나님의 계명을 지키는 일보다 더 즐거운 일은 없을 것입니다.

2. 사랑은 초점을 하나로 맞추는 것

"이러므로 우리에게 구름같이 둘러싼 허다한 증인들이 있으니 모든 무거운 것과 얽매이기 쉬운 죄를 벗어 버리고 인내로써 우리 앞에 당한 경주를 경주하며 믿음의 주요 또 온전케 하시는 이인 예수를 바라보자 저는 그 앞에 있는 즐거움을 위하여 십자가를 참으사 부끄러움을 개의치 아니하시더니 하나님 보좌 우편에 앉으셨느니라 너희가 피곤하여 낙심치 않기 위하여 죄인들의 이같이 자기에게 거역한 일을 참으신 자를 생각하라"(히 12:1-3)

사랑한다는 것은 초점을 하나로 맞추는 것입니다. 특별히 사랑의 대상을 결정한다는 것은 수많은 사람 가운데 한 사람에게 초점을 맞추는 것입니다.

그런 의미에서 한 사람에게 초점을 맞춘다는 것은 그 사람을 선택함과 동시에 모든 사람을 포기하는 것입니다. 모든 사람 가운데 한 사람에게 초점이 맞추어질 때에 비로소 사랑이 이루어집니다.

그러나 하나의 대상을 선택하고 결정한다는 것은 결코 쉬운 일이 아닙니다. 좋은 결정을 내리려면, 하나의 대상에 초점이 맞추어질 때까지 기다려야 합니다.

카메라를 사용할 때에는 초점을 잘 맞추어야 좋은 사진을 찍을 수 있습니다. 만약 초점을 잘 맞추지 못하면 사진을 찍어도 영상이 희미한 사진을 얻을 수밖에 없습니다.

행복한 신앙생활은 초점을 오직 하나님께 맞추는 것입니다. 그런데 이스라엘 백성들의 가장 큰 죄는 초점을 하나님께 맞추지 않고, 바알과 아세라 등의 우상에게 맞춘 것입니다.

"이스라엘 자손이 여호와 목전에 악을 행하여 자기들의 하나님 여호와를 잊어버리고 바알들과 아세라들을 섬긴지라"(삿 3:7)

그런 차원에서 예수님께서는 사람이 두 주인을 섬길 수 없다고 말씀하십니다.

"한 사람이 두 주인을 섬기지 못할 것이니 혹 이를 미워하며 저를 사랑하거나 혹 이를 중히 여기며 저를 경히 여김이라 너희가 하나님과 재물을 겸하여 섬기지 못하느니라"(마 6:24)

아모스 선지자도 사랑의 초점이 흐트러진 이스라엘 백성들을 향하여 하나님께 초점을 맞추라고 권면합니다.

"여호와께서 이스라엘 족속에게 이르시기를 너희는 나를 찾으라 그리하면 살리라 벧엘을 찾지 말며 길갈로 들어가지 말며 브엘세바로도 나아가지 말라 길갈은 정녕 사로잡히겠고 벧엘은 허무하게 될 것임이라 하셨나니 너희는 여호와를 찾으라 그리하면 살리라 염려컨대 저가 불같이 요셉의 집에 내리사 멸하시리니 벧엘에서 그 불들을 끌 자가 없을까 하노라"(암 5:4-6)

더 이상 벧엘의 금송아지 우상과 길갈과 브엘세바에 있는 우상들을 찾지 말라고 강권합니다. 그것이 바로 하나님의 진노를 피하고 살아날 수 있는 유일한 길이기 때문입니다.

더불어 아모스는 당시의 비극을 다음과 같이 묘사합니다.

"주 여호와께서 가라사대 보라 날이 이를지라 내가 기근을 땅에 보내리니 양식이 없어 주림이 아니며 물이 없어 갈함이 아니요 여호와의 말씀을 듣지 못한 기갈이라"(암 8:11)

하나님의 말씀을 듣고 영적 기근에서 벗어나야 잃어버린 사랑을 회복할 수 있기 때문입니다. 아모스는 더 이상 하나님을 버리고 우상의 제단을 찾는다면 이스라엘에 비극이 찾아올 것이라고 예언합니다.

"무릇 사마리아의 죄 된 우상을 가리켜 맹세하여 이르기를 단아 네 신의 생존을 가리켜 맹세하노라 하거나 브엘세바의 위하는 것의 생존을 가리켜 맹세하노라 하는 사람은 엎드러지고 다시 일어나지 못하리라"(암 8:14)

히브리서 기자는 모든 초점을 예수님께 맞추라고 이야기합니다.

"그러므로 함께 하늘의 부르심을 입은 거룩한 형제들아 우리의 믿는 도리의 사도시며 대제사장이신 예수를 깊이 생각하라"(히 3:1)

특별히 히브리서는 천사보다 위대하신 예수 그리스도(히 1-2장), 모세보다 위대하신 예수 그리스도(히 3장), 여호수아보다 위대하신 예수 그리스도(히 4장), 대제사장보다 위대하신 예수 그리스도(히 5-7장)를 소개합니다.

하나님의 사람들이 초점을 오직 예수님께 맞추어야 한다는 것을 강조합니다. 천사나 모세, 여호수아, 대제사장이라도 믿음의 대상이 아니기 때문입니다.

히브리서는 믿음장인 11장을 기록한 다음에 다음과 같은 결론을 내립니다.

> "이러므로 우리에게 구름같이 둘러싼 허다한 증인들이 있으니 모든 무거운 것과 얽매이기 쉬운 죄를 벗어 버리고 인내로써 우리 앞에 당한 경주를 경주하며 믿음의 주요 또 온전케 하시는 이인 예수를 바라보자"(히 12:1-2)

우리의 신앙생활의 목표는 오직 예수님뿐이기 때문에 우리는 오직 예수님께 초점을 맞추고, 예수님만 바라보고 달려가야 합니다.

동일한 관점에서 사도 바울도 자신의 믿음의 경주를 다음과 같이 소개합니다.

> "형제들아 나는 아직 내가 잡은 줄로 여기지 아니하고 오직 한 일 즉 뒤에 있는 것은 잊어버리고 앞에 있는 것을 잡으려고 푯대를 향하여 그리스도 예수 안에서 하나님이 위에서 부르신 부름의 상을 위하여 좇아가노라"(빌 3:13-14)

그는 한 걸음 더 나아가서 일사각오의 자세를 이야기합니다.

> "나의 달려갈 길과 주 예수께 받은 사명 곧 하나님의 은혜의 복음 증거하는 일을 마치려 함에는 나의 생명을 조금도 귀한 것으로 여기지 아니하노라"(행 20:24)

이와 같이 하나님을 사랑하는 사람들은 하나님의 사랑을 깨닫고, 오직 초점을 하나님께 맞추어야 합니다.

소돔과 고모라에서 탈출하던 롯의 아내처럼 뒤를 돌아보지 말아야 합니다. 출애굽한 광야세대처럼 홍해바다를 건넌 다음에 애굽을 그리워하지 말아야 합니다. 오직 초점을 하나님께 맞추고 하나님만 바라보아야 합니다. 그것이 바로 진정한 사랑이기 때문입니다.

바울은 우리를 향하신 하나님의 사랑을 묘사합니다. 특별히 하나님께서 변함없는 사랑으로 우리를 사랑하신 그 시점을 지적합니다. 즉 "우리가 연약할 때, 우리가 아직 죄인 되었을 때, 곧 우리가 원수 되었을 때"라고 다음과 같이 선언합니다.

> "우리가 아직 연약할 때에 기약대로 그리스도께서 경건치 않은 자를 위하여 죽으셨도다"(롬 5:6)
>
> "우리가 아직 죄인 되었을 때에 그리스도께서 우리를 위하여 죽으심으로 하나님께서 우리에게 대한 자기의 사랑을 확증하셨느니라"(롬 5:8)
>
> "곧 우리가 원수 되었을 때에 그 아들의 죽으심으로 말미암아 하나님으로 더불어 화목되었은즉 화목된 자로서는 더욱 그의 살으심을 인하여 구원을 얻을 것이니라"(롬 5:10)

하나님께서 오직 나에게 초점을 맞추고 사랑하시는 것처럼 우리도 오직 하나님께 초점을 맞추고 사랑해야 합니다. 하나님을 사랑하는 사람은 인생의 마지막 순간까지 초점이 흔들리지 않는 믿음과 소망과 사랑의 사람입니다.

 101퍼센트의 사랑

3. 사랑은 결단입니다

"보라 이제 나는 심령에 매임을 받아 예루살렘으로 가는데 저기서 무슨 일을 만날는지 알지 못하노라 오직 성령이 각 성에서 내게 증거하여 결박과 환난이 나를 기다린다 하시나 나의 달려갈 길과 주 예수께 받은 사명 곧 하나님의 은혜의 복음 증거하는 일을 마치려 함에는 나의 생명을 조금도 귀한 것으로 여기지 아니하노라"(행 20:22-24)

사도 요한은 "유월절 전에 예수께서 자기가 세상을 떠나 아버지께로 돌아가실 때가 이른 줄 아시고 세상에 있는 자기 사람들을 사랑하시되 끝까지 사랑하시니라"(요 13:1)고 소개합니다. 사도 바울도 "하나님의 은사와 부르심에는 후회하심이 없느니라"(롬 11:29)고 이야기합니다.

따라서 우리를 향하신 하나님의 사랑의 결단은 결코 변할 수 없습니다. 그런 의미에서 바울은 "내가 확신하노니 사망이나 생명이나 천사들이나 권세자들이나 현재 일이나 장래 일이나 능력이나 높음이나 깊음이나 다른 아무 피조물이라도 우리를 우리 주 그리스도 예수 안에 있는 하나님의 사랑에서 끊을 수 없으리라"(롬 8:38-39)고 고백합니다.

첫째, 사랑의 결단은 결코 갈등하지 않는 선택입니다.

사랑의 결단이란 한편으로 선택하는 것이고, 다른 한편으로 포기하는 것입니다. 즉 결단이란 하나를 선택함과 동시에 다른 하나를 포기하는 것을 의미합니다.

또한 결혼처럼 한번 결정하면, 바꿀 수 없는 선택도 있습니다(마 19:6). 그런 의미에서 한 남자가 한 여자를 아내로 선택한다는 것은 세상의 모든 여자를 포기하는 것입니다. 마찬가지로 여자의 경우에도 한 남자를 남편으로 선택한다는 것은 세상의 모든 남자를 포기하는 것입니다.

따라서 중요한 선택일수록 많이 갈등한 후에 결단해야 합니다. 만약 결단한 후에 갈등한다면, 아무 소용이 없기 때문입니다.

특별히 하나님의 사람들은 무슨 일이든지 결단하기 전에 갈등하고, 결단한 후에는 갈등하지 말아야 합니다. 많은 사람들이 불행하다고 느끼는 까닭은 결단을 내린 다음에 만족하지 못하고 갈등하기 때문입니다.

사람에게 있어서 결정이란 언제나 힘든 과정입니다. 나폴레옹도 결정만큼 어렵고 중요한 일은 없다고 토로합니다.

그러나 일단 결단한 다음에는 사도 바울처럼 뒤를 돌아보지 말아야 합니다. 사도 바울은 다메섹 도상에서 예수님을 만난 후에 십자가만 자랑하기로 결단한 사람입니다(고전 1:18; 갈 6:14).

그는 "내가 이미 얻었다 함도 아니요 온전히 이루었다 함도 아니라 오직 내가 그리스도 예수께 잡힌바 된 그것을 잡으려고 좇아가노라"(빌 3:12)고 고백합니다. 뿐만 아니라 그는 "형제들아 나는 아직 내가 잡은 줄로 여기지 아니하고 오직 한 일 즉 뒤에 있는 것은 잊어버리고 앞에 있는 것을 잡으려고 푯대를 향하여 그리스도 예수 안에서 하나님이 위에서 부르신 부름의 상을 위하여 좇아가노라" (빌 3:13-14)고 자기 인생의 좌표를 밝혀줍니다.

또한 그는 하나님께서 부르신 자기의 사명을 마치기 위하여 어떤 위험도 두려워하지 않는 결단의 사람입니다.

"보라 이제 나는 심령에 매임을 받아 예루살렘으로 가는데 저기서 무슨 일을 만날는지 알지 못하노라 오직 성령이 각 성에서 내게 증거하여 결박과 환난이 나를 기다린다 하시나 나의 달려갈 길과 주 예수께 받은 사명 곧 하나님의 은혜의 복음 증거하는 일을 마치려 함에는 나의 생명을 조금도 귀한 것으로 여기지 아니하노라"(행 20:22-24)

모세는 출애굽한 이스라엘에게 하나님만 사랑할 것을 명령합니다.

"나는 너를 애굽 땅에서 종 되었던 집에서 인도하여 낸 너희 하나님 여호와로라 나 외에는 위하는 신들을 네게 있게 말지니라"(신 5:6-7)

"이스라엘아 들으라 우리 하나님 여호와는 오직 하나인 여호와시니 너는 마음을 다하고 성품을 다하고 힘을 다하여 네 하나님 여호와를 사랑하라"(신 6:4-5)

그러나 광야세대의 불행은 출애굽 이후에도 계속하여 애굽을 그리워하다가 광야에서 엎드러지고 만 것입니다. 하나님께서 우리를 사랑하신 것처럼, 우리도 하나님만 사랑해야 합니다. 광야세대의 비극을 되풀이하지 말아야 합니다.

둘째, 사랑의 결단은 때를 놓치지 말아야 합니다.

오늘은 우리의 시간이고, 내일은 마귀의 시간입니다. "오늘 할 일을 내일로 미루지 말라"는 격언처럼, 하나님의 사람들에게는 오늘이 바로 결단의 때입니다.

미국의 경영전문지 포천에 따르면, 미국의 역사를 바꾼 기업들의 결정에서 가장 중요한 것은 결단의 타이밍이라고 합니다. 결단의 타이밍은 기업의 사활을 좌우하기 때문입니다.

유능한 경영인은 결정이 아무리 힘들고 어렵더라도 결코 미루지 않습니다. 대부분 실패한 결정의 원인을 살펴보면, 십중팔구는 판단의 잘못이 아니라 제때에 결정을 내리지 못한 경우입니다. 즉 결정의 타이밍을 놓친 것이 바로 실패의 원인입니다.

따라서 중요한 일은 회의를 하는 것보다 하나님 앞에서 기도하고 결단해야 합니다. 회의란 대개의 경우 회의적으로 끝날 때가 많기 때문입니다. 따라서 정말로 중요한 결정을 내려야 한다면, 때를 놓치지 말고 믿음으로 결단해야 합니다.

지혜의 왕 솔로몬도 때의 중요성을 언급하면서 "천하에 범사가 기한이 있고 모든 목적이 이룰 때가 있나니"(전 3:1)라고 교훈합니다. 그는 천하에 범사가 때와 기한이 있는 것처럼 사랑에도 때가 있음을 이야기합니다.

그러나 그 시기가 지나고 나면 사랑과 미움도 더 이상 이 세상에서 분복을 누릴 수 없는 허무한 일이라고 주장합니다.

"사랑할 때가 있고 미워할 때가 있으며 전쟁할 때가 있고 평화할 때가 있느니라"(전 3:8)

"그 사랑함과 미워함과 시기함이 없어진 지 오래니 해 아래서 행하는 모든 일에 저희가 다시는 영영히 분복이 없느니라"(전 9:6)

성도들은 나를 사랑하사 나를 위하여 자기 몸을 버리신 하나님의 아들을 믿고, 항상 현재적으로 하나님을 사랑하고 섬겨야 합니다. 결코 과거의 섬김이 자랑일 수 없고, 또한 미래의 섬김도 확신할 수 없는 일이기 때문입니다. 우리가 할 수 있는 최선은 오직 현재진행형의 실천적 믿음으로 봉사하는 것뿐입니다.

그런 차원에서 바울은 "내가 그리스도와 함께 십자가에 못박혔나니 그런즉 이제는 내가 산 것이 아니요 오직 내 안에 그리스도께서 사신 것이라 이제 내가 육체 가운데 사는 것은 나를 사랑하사 나를 위하여 자기 몸을 버리신 하나님의 아들을 믿는 믿음 안에서 사는 것이라"(갈 2:20)고 믿음의 현재성을 강조합니다.

하나님의 사람들은 결단의 때를 놓치고 허송세월을 보낸 후에 후회하는 일이 없어야 합니다. 가장 중요한 결단의 때는 바로 지금입니다.

셋째, 사랑의 결단은 지혜로운 결정이어야 합니다.

지혜의 왕 솔로몬은 여호와를 경외하는 것이 지혜의 근본이라고 교훈합니다. 솔로몬은 하나님을 경외하고 사랑하는 일에도 지혜가 필요함을 이야기합니다.

"여호와를 경외하는 것이 지식의 근본이어늘 미련한 자는 지혜와 훈계를 멸시하느니라"(잠 1:7)

"여호와를 경외하는 것이 지혜의 근본이요 거룩하신 자를 아는 것이 명철이니라"(잠 9:10)

하나님을 사랑하는 사람은 지혜로운 사람이고, 하나님을 사랑하지 않는 사람은 지혜가 없는 사람입니다. 지혜가 없는 사람은 하나님을 사랑하는 대신에 하나님을 미워합니다.

"그러나 나를 잃는 자는 자기의 영혼을 해하는 자라 무릇 나를 미워하는 자는 사망을 사랑하느니라"(잠 8:36)

바울도 "만일 누구든지 주를 사랑하지 아니하거든 저주를 받을지어다 주께서 임하시느니라"(고전 16:22)고 교훈합니다. 미련한 자들은 거짓 선지자 발람처럼 나귀도 분별하는 하나님의 뜻을 분별하지 못합니다.

"저희가 바른 길을 떠나 미혹하여 브올의 아들 발람의 길을 좇는도다 그는 불의의 삯을 사랑하다가 자기의 불법을 인하여 책망을 받되 말 못하는 나귀가 사람의 소리로 말하여 이 선지자의 미친 것을 금지하였느니라"(벧후 2:15-16)

또한 하나님께서는 장자의 명분을 소홀히 여긴 에서처럼 어리석은 자를 미워하십니다.

"음행하는 자와 혹 한 그릇 식물을 위하여 장자의 명분을 판 에서와 같이 망령된 자가 있을까 두려워하라 너희의 아는 바와 같이 저가 그 후에 축복을 기업으로 받으려고 눈물을 흘리

하나님을 경외하고 하나님의 뜻을 분별하는 지혜가 넘치기 바랍니다.

넷째, 아브라함과 롯의 결단을 비교해봅시다.

아브라함의 이야기는 결단의 순간들로 연결되어 있습니다. 대표적으로 창세기 12장과 22장을 살펴봅시다. 창세기 12장에서 아브라함은 하나님의 부르심을 받습니다.

"여호와께서 아브람에게 이르시되 너는 너의 본토 친척 아비 집을 떠나 내가 네게 지시할 땅으로 가라 내가 너로 큰 민족을 이루고 네게 복을 주어 네 이름을 창대케 하리니 너는 복의 근원이 될지라 너를 축복하는 자에게는 내가 복을 내리고 너를 저주하는 자에게는 내가 저주하리니 땅의 모든 족속이 너를 인하여 복을 얻을 것이니라 하신지라"(창 12:1-3)

그러나 75세의 아브라함이 하나님의 언약을 믿고 명령에 순종한다는 것은 결코 쉬운 일이 아닙니다. 그럼에도 불구하고 75세의 아브라함은 "여호와의 말씀"을 붙잡고 순례의 길을 떠납니다(창 12:4).

하나님의 부르심에 순종한 아브라함의 결단은 그의 자손 천대가 복을 받는 결정적 계기를 만들어줍니다.

한편 창세기 22장에서 하나님의 시험을 받은 아브라함의 결단 역시 하나님을 감동시킵니다. 하나님께서는 "네 아들 네 사랑하는 독자 이삭을 데리고 모리아 땅으로 가서 내가 네게 지시하는 한 산 거기서 그를 번제로 드리라"(창 22:2)고 요구하십니다.

그러자 아브라함은 "아침에 일찌기" 일어나 나귀에 안장을 지우고 두 사환과 그 아들 이삭을 데리고 번제에 쓸 나무를 쪼개어 가지고 하나님께서 자기에게 지시하시는 곳으로 갑니다(창 22:3).

아브라함이 주저하지 않고 이삭을 향하여 칼을 내리치자 오히려 하나님께서 다급하게 "아브라함아 아브라함아" 하고 부르십니다(창 22:10-11).

> "그 아이에게 네 손을 대지 말라 아무 일도 그에게 하지 말라 네가 네 아들 네 독자라도 내게 아끼지 아니하였으니 내가 이제야 네가 하나님을 경외하는 줄을 아노라"(창 22:12)

아브라함은 아들보다 하나님을 더욱 사랑한 사람입니다. 마침내 아브라함은 하나님께 인정받고 믿음의 조상이 됩니다. 아브라함은 하나님을 사랑하는 결단으로 마지막 시험을 멋지게 통과한 것입니다.

특별히 창세기 13장에서 아브라함은 물질 때문에 롯과 다투지 않으려고 중대한 결단을 합니다.

> "우리는 한 골육이라 나나 너나 내 목자나 네 목자나 서로 다투게 말자 네 앞에 온 땅이 있지 아니하냐 나를 떠나라 네가 좌하면 나는 우하고 네가 우하면 나는 좌하리라"(창 13:8-9)

아브라함은 선택권을 롯에게 넘깁니다. 그러나 실상 아브라함은 선택의 결과를 하나님께 맡긴 것입니다. 하나님께서 허락하신 땅이 좋은 땅임을 잘 알기 때문입니다.

그러나 롯은 하나님의 뜻과 상관없이 물이 넉넉한 외형을 보고 소돔과 고모라를 선택한 어리석은 사람입니다. 그 후에 롯은 소돔과 고모라의 전쟁에 휘말립니다. 아브라함은 318명의 가병을 거느리고 추격하여 롯을 구출해줍니다. 만약 그 때에라도 롯이 소돔과 고모라를 떠났다면, 더 큰 비극은 없었을 것입니다.

마침내 롯은 천사로부터 소돔과 고모라의 멸망 소식을 듣습니다. 그는 자기 딸들과 정혼한 사위들에게 "여호와께서 이 성을 멸하실 터이니 너희는 일어나 이곳에서 떠나라"고 결단을 촉구합니다. 그러나 롯의 사위들은 농담으로 여깁니다(창 19:14). 그러자 천사들은 롯에게 "일어나 여기 있는 네 아내와 두 딸을 이끌라 이 성의 죄악 중에 함께 멸망할까 하노라"고 재촉합니다(창 19:15).

그럼에도 불구하고 롯은 여전히 지체합니다. 그 때에 천사들은 롯의 손과 그 아내의 손과 두 딸의 손을 잡아 성 밖으로 인도합니다. 성경은 하나님께서 강권적으로 롯을 구출하신 까닭을 밝혀줍니다. 즉 "여호와께서 그에게 인자를 더하심이었더라"(창 19:16)고 기록합니다.

그러나 하나님의 명령을 어긴 롯의 아내는 뒤를 돌아 본 고로 소금 기둥이 되었습니다(창 19:26).

롯의 비극은 소돔과 고모라의 멸망을 농담으로 여긴 그의 사위들과 뒤를 돌아보고 소금기둥이 된 그의 아내 탓도 있을 것입니다. 그러나 궁극적인 책임은 위기 상황 앞에서 결단하지 못한 롯 자신에게 있습니다. 또한 롯은 두 딸과 모압 족속과 암몬 족속을 탄생시키는 비극까지 연출합니다.

롯의 이야기는 잘못된 선택이 가져온 파장이 얼마나 큰가를 잘 보여줍니다. 하나님의 사람들은 경고의 말씀을 듣고도 결단하지 못한 롯처럼 방황하지 말아야 합니다.

다섯째, 그리스도인은 하나님을 사랑하기로 결단한 사람입니다.

예수님의 말씀은 사랑의 대상은 둘이 아니라 하나라는 진리를 가르쳐줍니다.

"한 사람이 두 주인을 섬기지 못할 것이니 혹 이를 미워하며 저를 사랑하거나 혹 이를 중히 여기며 저를 경히 여김이라 너희가 하나님과 재물을 겸하여 섬기지 못하느니라"(마 6:24)

그 누구라도 두 주인을 똑같이 사랑하거나 똑같이 섬길 수 없습니다. 사랑의 대상은 오직 하나뿐이기 때문입니다. 예수님의 교훈은 하나님과 재물 사이에서 방황하는 자들에게 사랑의 결단을 촉구합니다.

진정으로 하나님을 사랑하고 섬기는 자들은 더 이상 갈등하지 말아야 합니다. 하나님에 대한 우리의 사랑을 빼앗아가는 모든 것들이 우상입니다. 그런 차원에서 성경은 우상을 섬기는 일을 영적 간음이라고 표현합니다(렘 31:32; 겔 16, 23장).

성경은 하나님의 자녀들에게 더 이상 하나님과 우상 사이에서 갈등하지 말고 하나님만 사랑하라고 결단을 촉구합니다. 결정적인 순간에 믿음으로 하나님을 선택하고 사랑한 사람들은 모두 다 위기를 통과합니다.

야곱과 여호수아, 엘리야, 에스더의 이야기를 차례대로 살펴봅시다.

(1) 야곱

하나님께서 야곱에게 최후의 결단을 촉구합니다. 야곱은 7년 풍년이 지나고, 흉년 2년 차에 더 이상 물러설 자리가 없는 상황에 직면합니다. 애굽에서 사온 곡식이 떨어지자 야곱의 자녀들은 애굽 총리가 제시한 놀라운 소식을 전합니다.

만약 베냐민을 애굽에 데려가지 않는다면, 결코 애굽에서 곡식을 구할 수 없다는 것입니다. 사랑하는 아내 라헬과 요셉을 잃은 야곱에게 베냐민을 내놓으라는 것은 죽음과 마찬가지입니다. 야곱은 인생 최대의 위기를 맞이하면서 베냐민의 생명을 하나님께 맡기기로 결단합니다.

> "너 아우도 데리고 떠나 다시 그 사람에게로 가라 전능하신 하나님께서 그 사람 앞에서 너희에게 은혜를 베푸사 그 사람으로 너희 다른 형제와 베냐민을 돌려보내게 하시기를 원하노라 내가 자식을 잃게 되면 잃으리로다"(창 43:13-14)

그런데 하나님께서는 야곱의 결단에 놀라운 응답을 주십니다. 야곱이 마지막 사랑의 대상이던 베냐민을 내려놓자 하나님께서는 야곱의 삶 전체를 책임지십니다. 먼저 하나님께서 기근에 굶주린 그의 가족을 살려주십니다. 뿐만 아니라 베냐민을 돌려 보내주십니다. 마침내 애굽의 총리가 된 요셉과 상봉하도록 은혜를 베푸십니다.

이 모든 일들은 야곱 자신이 사랑하던 모든 것들을 내려놓고 하나님을 사랑하기로 결단한 결과입니다. 바로 그 때에 야곱은 아브라함과 이삭과 동등한 수준에서 믿음의 조상이 됩니다.

(2) 여호수아

여호수아는 그의 인생 전체를 통하여 하나님만 섬긴 결단의 사람입니다.

광야 40년 모세의 시종으로 있을 때에도 갈렙과 더불어 하나님께 인정받은 사람입니다(민 14:29-30). 또한 여호수아는 모세의 후계자로서 가나안을 정복하고 그의 생애를 마치는 순간까지 하나님만 섬긴 사람입니다. 하나님께서 여호수아에게 말씀하신 형통의 비결은 율법의 말씀에 절대 순종하는 것입니다.

> "오직 너는 마음을 강하게 하고 극히 담대히 하여 나의 종 모세가 네게 명한 율법을 다 지켜 행하고 좌로나 우로나 치우치지 말라 그리하면 어디로 가든지 형통하리니 이 율법책을 네 입에서 떠나지 말게 하며 주야로 그것을 묵상하여 그 가운데 기록한 대로 다 지켜 행하라 그리하면 네 길이 평탄하게 될 것이라 네가 형통하리라"(수 1:7-8)

여호수아는 가나안 정복 초기부터 110세에 세상을 떠날 때까지 하나님의 명령에 절대 복종합니다. 그는 자기의 인생을 정리하는 마지막 고별설교에서도 동일한 말씀으로 결단을 촉구합니다.

> "그러므로 너희는 크게 힘써 모세의 율법책에 기록된 것을 다 지켜 행하라 그것을 떠나 좌로나 우로나 치우치지 말라"(수 23:6)

그는 죽음을 앞에 두고 이스라엘을 향하여 "만일 여호와를 섬기는 것이 너희에게 좋지 않게 보이거든 너희 열조가 강 저편에서 섬기던 신이든지 혹 너희의 거하는 땅 아모리 사람의 신이든지 너희 섬길 자를 오늘날 택하라 오직 나와 내 집은 여호와를 섬기겠노라"(수 24:15)고 결단을 촉구합니다.

인생 전체를 통하여 오직 하나님만 사랑하기로 결단하고 실천한 여호수아는 가장 훌륭한 결단의 모델입니다.

(3) 엘리야

엘리야 당시에 이스라엘 백성들은 하나님에 대한 사랑을 저버리고, 바알과 아세라를 숭배합니다. 엘리야는 하나님과 바알 사이에서 갈등하며 머뭇거리던 백성들을 향하여 담대하게 외칩니다. 그는 온 이스라엘과 이세벨의 상에서 먹는 바알의 선지자 450명과 아세라의 선지자 400명을 갈멜 산으로 모은 후에 결단을 촉구합니다.

> "너희가 어느 때까지 두 사이에서 머뭇머뭇 하려느냐 여호와가 만일 하나님이면 그를 좇고 바알이 만일 하나님이면 그를 좇을지니라"(왕상 18:21)

드디어 엘리야는 저녁 소제 드릴 때에 하나님께 간절히 기도합니다.

> "아브라함과 이삭과 이스라엘의 하나님 여호와여 주께서 이스라엘 중에서 하나님이 되심과 내가 주의 종이 됨과 내가 주의 말씀대로 이 모든 일을 행하는 것을 오늘날 알게 하옵소서 여호와여 내게 응답하옵소서 내게 응답하옵소서 이 백성으로 주 여호와는 하나님이신 것과 주는 저희의 마음으로 돌이키게 하시는 것을 알게 하옵소서"(왕상 18:36-37)

엘리야가 기도를 마치자 하나님께서는 엘리야의 제단에 불로써 응답하십니다. 그 상황을 지켜보던 백성들은 더 이상 머뭇거리지 않고, 마침내 "여호와 그는 하나님이시로다 여호와 그는 하나님이시로다"(왕상 18:39)라고 고백하며 결단합니다.

하나님께서는 오늘날에도 하나님과 세상 사이에서 방황하는 사람들에게 결단을 촉구하십니다.

(4) 에스더

아하수에로 왕은 와스디를 폐위하고 에스더를 왕후로 삼습니다.

> "왕이 모든 여자보다 에스더를 더욱 사랑하므로 저가 모든 처녀보다 왕의 앞에 더욱 은총을 얻은지라"(에 2:17)

이와 같은 기록을 보면 에스더는 아하수에로 왕의 은혜를 입은 것처럼 보입니다. 그러나 실상은 하만의 흉계에서 유다인을 살리려는 하나님의 계획과 섭리 가운데 에스더는 하나님의 은혜로 왕후가 된 것입니다.

모르드개로부터 하만의 흉계를 접한 왕후 에스더는 생명을 하나님께 맡기며 결단을 내립니다. 당시의 규례에 따르면 왕후라도 왕이 부르기 전에는 왕 앞에 나갈 수 없습니다. 만약 왕이 그녀를 보고 금 지팡이를 내밀지 않는다면 죽을 수밖에 없던 상황입니다.

그러나 그녀는 위대한 결단으로 이스라엘 민족을 살려냅니다. 모르드개와 유다인들에게 밤낮 3일의 금식을 부탁하고, 그녀는 다음과 같이 결단합니다.

> "나도 나의 시녀로 더불어 이렇게 금식한 후에 규례를 어기고

 101퍼센트의 사랑

드디어 금식을 마친 왕후 에스더는 민족의 운명을 짊어지고 왕 앞에 나아갑니다.

겉으로 보면 그녀의 행동은 부름을 받지 않고 왕 앞에 나아간 돌발적 행동입니다. 그러나 실상 그녀의 행동은 금식기도를 마친 후에 죽기를 각오하고 왕을 찾아간 믿음의 결단입니다. 따라서 왕이 에스더를 보고 사랑스럽게 느낀 것은 모든 유다인과 더불어 에스더와 시녀들이 금식한 결과 하나님께서 주신 은혜입니다.

먼저 하나님을 사랑하고 하나님을 기쁘시게 하면 하나님께서 은혜를 베푸시고 죽음의 고비를 넘어가게 만드십니다. 이처럼 지혜로운 에스더의 믿음의 결단이 유다민족을 살렸습니다.